PETITE ANTHOLOGIE DES HISTOIRES D'AVENTURIERS EN LITTÉRATURE

Éditions du Trésor
38, rue d'Aboukir
Paris IIe

www.editionsdutresor.com

CONAN DOYLE, CONRAD, DEFOE,
HOMÈRE, HUGO, KIPLING, LEROUX, MELVILLE,
POE, RIDER HAGGARD, TWAIN, VERNE

PETITE ANTHOLOGIE DES HISTOIRES D'AVENTURIERS EN LITTÉRATURE

ÉDITIONS DU TRÉSOR

DE L'AVENTURIER DE SALON

PAR JULIEN A.
FONDATEUR DES ÉDITIONS DU TRÉSOR

Dès 1919, Thibaudet[1] nous enjoint à « reconnaître que l'aventure est partout, et qu'il suffit de regarder avec certains yeux la vie humaine la plus simple pour la voir s'installer, s'éployer, éclatante d'imprévu, dans le royaume de l'extraordinaire », affirmant ainsi que l'aventure pourrait s'affranchir du décor de jungle, des tribus hostiles et des dangers mortels dissimulés derrière chaque arbuste qu'on lui connait… Et Jacques Brel ne dit rien de différent lorsqu'il chante « L'aventure commence à l'aurore, et l'aurore nous guide en chemin. L'aventure c'est le trésor que l'on découvre à chaque matin. » Mais, en réalité, l'aventure est-elle véritablement à la portée de chacun de nous ?

1 Albert Thibaudet, *Le Roman de l'aventure*, NRF, 1919.

Qui oserait chantonner ces jolis mots à l'oreille d'Allan Quatermain, téméraire chasseur d'éléphants, engagé par deux Britanniques pour retrouver le frère de l'un d'eux imprudemment parti à la recherche des mines du roi Salomon sur le continent africain ?

Qui se risquerait à venir chatouiller la virilité du capitaine Achab dont la jambe a été arrachée par Moby Dick, le cachalot géant ? Qui serait prêt à en découdre dans de féroces combats animaliers, tel Gilliatt, le « travailleur de la mer », aux prises avec une pieuvre gigantesque, ou encore Aronnax parti à la recherche d'un mystérieux monstre marin dans *Vingt Mille Lieues sous les mers* ? Ou, toujours plus loin dans cette surenchère animalière, qui aurait l'audace de prêter main-forte au professeur Challenger et son équipe, alors qu'ils sont attaqués par un animal préhistorique ailé dans *Le Monde perdu* ?

Qui prendrait la place d'un Ulysse, mené dans son odyssée jusqu'à la sinistre île des cyclopes et bien déterminé à ne pas finir dans l'assiette d'un de ses autochtones, anthropophage et furieux ?

Qui troquerait une vie bourgeoise et bien rangée comme celle que menait Théophraste Longuet, pour une aventure faite de fantôme, de chasse au trésor et d'un mystérieux peuple souterrain ?

Qui souhaiterait partir en vacances dans des contrées inexplorées et inhospitalières tel Charles Marlow, remontant un fleuve pour le moins hostile au cœur de l'Afrique noire, ou Daniel Dravot et Peachy Carnehan, deux compères caressant le rêve fou de devenir rois du Kafiristan ? Qui aurait l'inconscience de s'embarquer sur un frêle esquif et de braver la tempête, comme le jeune Arthur Gordon Pym ?

Qui échangerait sa belle-famille pour un père alcoolique et une mère adoptive qui vous oblige à aller à l'école, comme Huckleberry Finn ?

Enfin, calvaire ultime pour l'aventurier – par essence même solitaire –, qui pourrait, tel Robinson Crusoé, supporter une cohabitation à durée illimitée avec une personne qu'il n'a pas choisie ?...

Alors si facile que ça la vie d'aventurier ?

L'ODYSSÉE

HOMÈRE

Chef-d'œuvre de l'Antiquité et texte fondateur de la civilisation européenne, *L'Odyssée* narre les tribulations d'Ulysse, qui mit dix ans à regagner sa patrie, Ithaque, après les événements de la guerre de Troie racontés dans *L'Iliade*. Alors que sa flotte était partie de Troie, celle-ci s'arrête bien vite chez les Cicones, alliés des Troyens, où Ulysse et ses compagnons mèneront un violent combat. Poussés par les vents, ils accostent bientôt au pays des Lotophages, dans une partie inconnue du monde. Ce peuple d'une grande hospitalité les accueille et leur offre leur nourriture : le lotos. Mais celui qui mange de ce

fruit ne désire plus repartir, et Ulysse doit lutter pour ramener ses compagnons à bord et continuer son périple...

De là, nous poursuivîmes notre route, le cœur toujours affligé. Nous arrivâmes enfin à la terre des Cyclopes, ces géants brutaux sans foi ni lois, qui ne font usage de leurs bras pour aucune plantation, aucun labourage, s'en remettant passivement aux dieux immortels. Chez eux tout naît sans que la terre ait reçu ni semence ni labour : pour eux, le blé, l'orge et les vignes aux lourdes grappes sont gonflés par la pluie de Zeus. Ils habitent des antres creux, au sommet de hautes montagnes, et chacun fait la loi à ses enfants et à ses femmes, sans se soucier des autres.

Une île couverte de broussailles s'étend devant le port, ni proche ni éloignée de la terre des Cyclopes ; elle est boisée et ne compte que des chèvres sauvages ; aucun homme ne vient les effaroucher ici. On ne relève aucune trace de chasseurs, qui peinent ailleurs dans la forêt et aux sommets des montagnes. En effet, les Cyclopes n'ont point de nefs peintes en rouge ni de constructeurs capables de fabriquer ces vaisseaux bien pontés, propres à tous les voyages, qui s'en iraient vers les villes des hommes, comme ceux-ci traversent la mer, voguant les uns chez les autres. Ces gens-là auraient sinon évidemment souhaité investir une île si bien située. Car elle n'est point stérile ; et elle pourrait produire toutes sortes de choses au gré des saisons. On y trouve ainsi, tout au long des rivages de la blanche mer, des prairies à la terre meuble et bien arrosée, où des vignes seraient d'une fécondité inépuisable. Son sol est riche et uni, idéal pour des champs, dans lesquels on pourrait, au retour des saisons, récolter de bonnes moissons. Il y a là aussi un port au sûr mouillage, où il n'est nul besoin d'amarres, de cordes ou d'ancres jetées, ni de lier les câbles. Les marins peuvent y rester aussi longtemps qu'ils le désirent et attendre le vent.

Au fond de ce havre coule une eau claire, une source limpide jaillissant d'une caverne entourée de peupliers. C'est là que nous débarquions, guidés par un dieu dans la nuit obscure, car nous ne pouvions rien voir. Un épais brouillard enveloppait les vaisseaux, et la lune, masquée par des nuages, ne brillait pas dans le ciel. Aucun de nous ne vit l'île, ni les grandes vagues roulant contre la grève, avant que nos nefs n'y eussent abordé. Alors nous serrâmes toutes les voiles et débarquâmes sur le rivage, nous endormant pour attendre la divine Aurore.

Dès que, née au matin, parut Aurore aux doigts roses, nous fîmes un tour dans l'île pour mieux l'admirer. Les nymphes, filles de Zeus tempétueux, firent lever les chèvres des montagnes, afin que mes compagnons puissent faire un bon repas. Nous allâmes aussitôt recueillir dans les nefs nos arcs recourbés et nos lances à longues pointes d'airain, et, divisés en trois bandes, nous lançâmes nos flèches ; sur-le-champ un dieu nous accorda une chasse abondante, qui combla nos désirs. Douze vaisseaux me suivaient ; le sort accorda neuf chèvres à chacun d'eux, et dix au mien. Dès lors, pendant tout le jour jusqu'à la chute d'Hélios, nous avons festoyé, nous repaissant de la viande et buvant le doux vin, celui de nos vaisseaux qui n'était pas encore épuisé. Il en restait notamment, tant chacun en avait mis dans les amphores, lors de la prise de la forte citadelle des Cicones. Nous apercevions de la fumée sur la terre toute proche des Cyclopes ; nous entendions leurs voix, le bêlement de leurs brebis et de leurs chèvres. Lorsque le soleil fut couché et la nuit venue, nous nous endormîmes au son du brisement de la mer.

Mais, dès que, née au matin, parut Aurore aux doigts roses, je rassemblai mes hommes et leur déclarai : « Restez ici pour le moment, mes fidèles compagnons, pendant que moi, avec mon vaisseau et mes camarades, je tâcherai de savoir quels sont ces hommes, s'ils sont violents, sauvages et sans justice, ou bien s'ils accueillent l'étranger et craignent les dieux. » Ayant ainsi parlé, je montai à bord de ma nef et j'ordonnai à mes gens d'y monter et de détacher les câbles. Et bientôt, rangés en bon ordre, ils frappaient de leurs rames la blanche mer.

Une fois parvenus à cette proche contrée, nous vîmes, à sa pointe extrême et près de la mer, une haute caverne couverte de lauriers. De nombreux troupeaux de brebis et de chèvres s'y reposaient, et tout autour avait été construit un enclos pavé de pierres taillées, entouré de pins élancés et de chênes au feuillage dense. Là vivait un homme gigantesque, qui, seul, paissait ses brebis, car il ne fréquentait personne et restait à l'écart, ne connaissant aucune loi et faisant le mal.

C'était un monstrueux géant qui ne possédait qu'un unique œil au milieu du front ; il ne ressemblait même pas à un homme mangeur de pain, mais à la cime boisée d'une haute montagne, qui seule se dresse au milieu des autres sommets.

J'ordonnai alors à mes fidèles compagnons de rester près du vaisseau pour le garder. Quant à moi, j'en choisis douze des plus braves, et je me mis en route à leurs côtés. J'avais avec moi une outre en peau de chèvre remplie d'un doux vin noir que m'avait donné Maron, fils d'Évanthès, le prêtre d'Apollon, et qui protège Ismaros, reconnaissant que nous l'ayons épargné, par respect, avec sa femme et ses enfants. Il habitait au milieu des arbres dans le bois sacré de Phébus Apollon ; aussi m'avait-il fait de beaux présents, sept talents d'or bien travaillé, un cratère en argent massif, et douze amphores qu'il avait remplies d'un vin doux, pur et divin, qui n'était connu dans sa demeure ni des serviteurs ni des servantes, mais uniquement de lui, de sa femme et de l'Intendante. J'en emportais une grande outre que j'avais remplie ; j'avais aussi des vivres dans un sac de cuir qui ne me quittait pas. Car tout de suite mon cœur avait pressenti que nous allions rencontrer un homme sauvage, doté d'une grande force et ignorant la justice et les lois.

Nous arrivâmes rapidement à sa caverne, mais il n'y était point : il se trouvait en effet aux pâturages avec ses grasses brebis. Pénétrant dans son antre, nous y admirions tout : des claies ployaient sous le poids des fromages, les étables regorgeaient d'agneaux et de chevreaux, enfermés en ordre et séparés selon leur âge ; les vases débordaient de crème et de petit-lait. Mes compagnons me priaient de les laisser prendre des fromages, puis de vite regagner la nef, après avoir fait sortir des étables chevreaux et agneaux, et de naviguer sur l'onde salée. Mais je ne me laissai pas convaincre, ce qui, pourtant, eût été bien plus sage ; je désirais voir cet homme et j'espérais qu'il me ferait des présents d'hospitalité.

Alors, ranimant le feu, nous fîmes le sacrifice et nous mangeâmes des fromages en l'attendant, assis à l'intérieur de la caverne. Il revint enfin du pâturage, conduisant son troupeau. Il portait un lourd morceau de bois sec pour préparer son repas du soir, qu'il jeta à l'intérieur de l'antre dans un bruit retentissant. La peur nous chassa au fond de la caverne. Il poussa sous la large voûte les grasses brebis qu'il devait traire, laissant dehors les mâles, béliers et boucs. Puis il souleva un énorme bloc de pierre, si lourd que vingt-deux chars solides n'auraient pu le remuer, et le plaça devant l'entrée de la caverne. Il s'assit ensuite pour traire brebis et chèvres bêlantes, faisant tout avec ordre, et mettant les petits sous chacune d'elles. Ayant tout de suite fait cailler la moitié du lait blanc, il le déposa dans des corbeilles tressées qu'il disposa sur les claies ; il mit l'autre moitié dans des vases afin de la boire en mangeant. Quand il eut achevé tout son travail, il alluma le feu, nous vit et nous interrogea ainsi : « Ô étrangers, qui êtes-vous ? D'où venez-vous sur la mer ? Faites-vous quelque commerce, ou bien avez-vous vagabondé, cherchant l'aventure, comme les pirates qui vont risquer leur vie et portent le malheur aux autres hommes ? »

Ainsi parlait-il ; et nous avions le cœur brisé d'épouvante, à cause de sa voix rauque et de sa taille monstrueuse. Je lui répondis pourtant : « Nous sommes des Achéens venus de Troade, et que tous les vents ont égarés sur le grand abîme de la mer. Nous voulions rentrer chez nous, mais nous sommes arrivés ici par des routes et chemins inconnus. Zeus l'a ainsi voulu. Nous nous glorifions d'être des guerriers d'Agamemnon, fils d'Atrée, dont la gloire est grande sous le ciel, car il a renversé une ville puissante et dompté de nombreux peuples. Quant à nous, nous touchons tes genoux, espérant que tu hébergeras tes hôtes, et que tu leur feras en outre un présent, comme le veut la loi de l'hospitalité. Ô très puissant, respecte les dieux, car nous venons à toi en suppliants, et c'est Zeus lui-même qui accompagne les suppliants et les étrangers qui le révèrent. »

Ainsi parlais-je ; mais le géant au cœur sans pitié de me répondre : « Tu es insensé, étranger, ou tu arrives de loin, pour me conseiller de craindre ou d'éviter les dieux ! Les Cyclopes ne se soucient pas de Zeus tempétueux, ni des dieux bienheureux, car nous sommes plus forts qu'eux. Et je ne saurais, même pour éviter la haine de Zeus, t'épargner toi ou tes compagnons, à moins que mon cœur ne me l'ordonne. Mais, dis-moi, où as-tu amarré ta nef solide en débarquant ? Au bout de l'île ou près d'ici ? Je voudrais bien le savoir ! »

Il parlait ainsi pour m'éprouver. Mais il ne pouvait me tromper, et je lui rétorquai donc ces astucieuses paroles : « Poséidon, l'Ébranleur de la terre, a brisé mon vaisseau en le jetant contre les roches d'un cap au bout de votre terre. Le vent l'a jeté hors de la mer, et j'ai échappé à la brusque mort avec ceux-ci. »

Lui, dans son cœur impitoyable, ne me répondit rien. Il se rua alors sur mes compagnons. Il en saisit deux ensemble et les frappa contre la terre comme des petits chiens ; leur cervelle coulait sur le sol et arrosait la terre ; puis, les découpant membre par membre, il prépara son repas. Il les dévora comme un lion des montagnes, ne laissant ni entrailles, ni chairs, ni os pleins de moelle. Voyant ces actes monstrueux, nous élevions nos mains vers Zeus en gémissant, alors que le désespoir envahissait nos cœurs. Quand le Cyclope eut rempli son vaste ventre, ayant mangé cette chair humaine et bu du lait pur, il s'endormit, étendu de tout son long au milieu de ses troupeaux. Je voulus alors, en mon cœur magnanime, m'approcher, tirant mon épée aiguë de la gaine, et la lui plonger dans la poitrine, là où les entrailles entourent le foie, après avoir tâté l'endroit de la main. Mais une autre idée me retint. Si nous restions ici, nous allions aussi périr d'une mort affreuse, car nos bras ne pourraient écarter le lourd rocher placé devant l'entrée de la caverne. Nous attendîmes finalement en gémissant la divine Aurore.

Dès que, née au matin, parut Aurore aux doigts roses, le Cyclope alluma un feu et commença à traire tour à tour ses superbes brebis plaçant le petit sous chacune. Quand il eut accompli tout son travail, il saisit encore ensemble deux de mes gens, et prépara son déjeuner. Ce repas achevé, il fit sortir de l'antre ses grasses brebis, ayant sans effort retiré la grosse pierre qui fermait la porte ; puis il la replaça aussi facilement que s'il s'était agi du couvercle d'un carquois. À grands coups de sifflet, il guida ensuite ses troupeaux vers la montagne. Je restai là, méditant mon malheur, et cherchant un moyen de nous venger, pourvu qu'Athéné m'accordât cette gloire.

Voilà le projet qui me semblait le plus à propos. Le Cyclope avait abandonné au milieu de la caverne un grand bois d'olivier encore vert dont il entendait se servir comme massue. Il nous avait immédiatement évoqué, en le voyant, le mât d'un noir vaisseau de transport, comptant vingt bancs de rames et fendant l'immensité des mers, tant il était long et épais à voir. J'en coupai alors la longueur d'une brasse, la passant à mes compagnons pour qu'ils en ôtent l'écorce. Ils la polirent, tandis que je la taillai au bout avant d'en durcir la pointe au feu flambant. Puis je la déposai avec soin en la cachant sous le fumier qui recouvrait le sol de la caverne. Je pressai ensuite mes compagnons de tirer au sort ceux qui se risqueraient avec moi à lever le pieu et à le tourner dans l'œil du Cyclope, une fois celui-ci profondément endormi. Le sort désigna quatre hommes, ceux que j'aurais moi-même choisis, ce qui faisait cinq avec moi. Le soir, le Cyclope revint en ramenant son troupeau à la belle toison. Il les poussa tous dans la spacieuse caverne, n'en laissant aucune dans l'enclos dehors. Il plaça ensuite contre la porte la grosse pierre, et se mit à traire les brebis et les chèvres bêlantes, toutes à leur tour, plaçant le petit sous chacune. Puis il prit encore deux de mes compagnons pour son souper.

Je m'approchai alors du Cyclope, avec dans mes mains une coupe de vin noir, et lui dis : « Cyclope, prends et bois ce vin, après avoir mangé de la chair humaine, afin de savoir quelle bonne boisson renfermait notre vaisseau. Je t'en apporterais encore si tu me prenais en pitié et que tu me laissais repartir dans ma demeure. Mais ta démence ne connaît plus de limites. Cruel ! Comment un seul des autres hommes pourrait-il t'approcher quand tu agis au mépris de toute loi ? »

Tandis que je parlais ainsi, il prit la jatte et la vida. Ayant bu le doux breuvage, il sentit une joie formidable et m'en demandait une seconde fois : « Donne-m'en encore, et dis-moi tout de suite ton nom ; je veux te faire un présent d'hospitalité qui te réjouisse. La terre féconde donne aussi aux Cyclopes un vin généreux, issu des vignes gonflées par la pluie de la Zeus. Mais celui-ci est pur jus de nectar et d'ambroisie. »

Je lui versai donc une nouvelle rasade de ce vin ardent et épais, que les Grecs buvaient mélangé à beaucoup d'eau, mais que lui avalait pur et à grandes gorgées. Je lui en redonnai trois fois ; et trois fois il le but dans sa démence ! Dès que je m'aperçus que le vin avait troublé son esprit, je lui adressai ces paroles mielleuses : « Cyclope, tu me demandes quel est mon nom illustre ; je te le dirai. Toi, tu me feras le présent hospitalier, comme tu me l'as promis. Mon nom est Personne. Mon père, ma mère et tous mes compagnons me nomment Personne. » Impitoyable, il me répondit aussitôt : « Personne, je te mangerai en dernier. Oui, ce sera tous les autres avant toi ; voilà mon présent d'hospitalité. »

Puis il s'affaissa à terre, vaincu par le sommeil. Il était couché, courbant son cou monstrueux, et de sa gorge jaillissaient du vin et des morceaux de chair humaine, alors qu'il rotait dans son ivresse. Je plaçai alors l'épieu sous la cendre épaisse, pour le réchauffer, et je rassurai mes compagnons épouvantés, afin que la peur ne les fît renoncer à notre entreprise. Dès que l'épieu d'olivier, pourtant encore bien vert, fut près de flamber, répandant une violente lueur, je le retirai du feu. Mes compagnons se tenaient autour de moi : un dieu leur avait inspiré un grand courage. Ayant saisi l'épieu d'olivier par le bout, ils l'enfoncèrent dans l'œil du Cyclope, quand j'appuyais dessus pour le faire tourner sur lui-même, comme lorsque l'on fore le bois d'un navire avec une tarière, tandis qu'elle est fixée de chaque côté par des courroies et qu'elle tourne sans s'arrêter. C'est donc ainsi que, tenant l'épieu aiguisé au feu, nous le faisions tourner dans son œil : le sang jaillissait autour de la pointe brûlante, et la vapeur de la pupille ardente brûla ses paupières et ses sourcils. Les racines de l'œil même grésillaient, car comme quand un forgeron trempe une grande hache ou une cognée dans l'eau froide pour la durcir, le métal siffle fortement, ce qui donne néanmoins de la force au fer : ainsi l'œil du Cyclope produisait un bruit strident autour de l'épieu d'olivier.

Il poussa alors un gémissement si terrible que les rochers alentour en retentirent. Nous nous enfuîmes, épouvantés.

Il arracha de son œil l'épieu souillé de sang, et délirant de douleur, le lança loin de lui. Il appela ensuite à grands cris les Cyclopes, qui habitaient les cavernes environnantes des promontoires battus par les vents. Ceux-ci, ayant entendu son cri, accouraient de tous les côtés, et, debout autour de l'antre, lui crièrent ceci : « Quelle douleur t'accable, Polyphème, et pourquoi dans la nuit divine as-tu poussé ces cris qui nous ont réveillés ? Souffres-tu ? Quelque mortel aurait-il enlevé tes troupeaux ? Ou cherche-t-on à te tuer par ruse ou par violence ? » Et du fond de son antre, le robuste Polyphème leur répondit : « Qui me tue, amis ? Personne, par ruse, et non par violence. » Ils lui adressèrent en réponse ces paroles ailées : « Si Personne ne te fait violence et si tu es seul, c'est sans doute un mal que t'envoie le grand Zeus et auquel on ne peut échapper. Invoque donc notre père, le puissant Poséidon ! »

Alors ils s'en allèrent, et moi je me mis à rire en mon cœur, en pensant comme mon nom et mon habile ruse les avaient trompés. Le Cyclope, gémissant à cause de la douleur, avait en tâtonnant retiré la pierre de la porte, puis s'était assis en travers de l'entrée, les deux bras étendus, afin de cueillir tous ceux de nous qui tenteraient de sortir avec les brebis. Il me pensait insensé à ce point ! Je délibérais donc, espérant trouver le moyen le plus sûr pour mes compagnons et moi-même d'échapper à la mort. Je méditais toutes sortes de ruses car il en allait de notre vie, et un grand danger nous menaçait. Voilà le dessein qui me semblait le meilleur. Ses béliers, bien nourris, avaient une épaisse toison ; ils étaient beaux et grands, et leur laine était frisée comme un nuage. Sans bruit, je les assemblai puis les liai trois par trois avec les osiers bien tressés sur lesquels dormait le monstrueux Cyclope. Le bélier du milieu portait un homme, et les deux autres, marchant de chaque côté, cachaient mes compagnons. Pour moi, comme il y avait un bélier beaucoup plus grand que tout le reste du bétail, je le choisis et me blottis bientôt sous son ventre velu, et, accrochant mes mains à sa merveilleuse toison, je m'y tins obstinément, sans que faiblît mon cœur.

Nous attendîmes donc en gémissant la brillante Aurore aux doigts roses. Dès qu'elle parut au matin, le monstre fit sortir les mâles pour les mener aux pâturages. Les femelles qu'il n'avait pas pu traire bêlaient dans les étables, car leurs pis étaient trop pleins. Leur maître, accablé par ses violentes douleurs, tâtait le dos de tous les béliers qui défilaient devant lui ; l'insensé ne voyait pas que mes compagnons s'étaient attachés sous les toisons des béliers laineux. Et celui qui me portait, alourdi par sa laine épaisse et par mon poids, sortit le dernier. Après l'avoir tâté, le robuste Polyphème lui dit : « Doux bélier, pourquoi sors-tu le dernier de la caverne ? D'habitude, tu ne restes pas ainsi en arrière ! Tu es toujours le premier pour aller brouter les tendres fleurs des prés ; le premier pour arriver au cours des fleuves ; le premier pour rentrer à l'étable le soir ; mais aujourd'hui, te voilà le dernier de tous ! Regrettes-tu l'œil de ton maître, cet œil qu'un scélérat a crevé à l'aide de ses maudits compagnons, après avoir dompté mon âme par le vin, ce Personne qui n'a pas encore, je te le promets, échappé à la mort ? Si seulement tu pouvais m'entendre et me parler, pour me dire par où il s'est dérobé à ma fureur ! Bientôt sa cervelle ruissellerait partout dans mon antre, et mon cœur se consolerait des maux que m'a apportés le misérable Personne ! »

Il poussa alors le bélier hors de la caverne. Alors que nous nous étions à peine éloignés de l'antre et son enclos, je me détachai le premier de mon bélier, puis je déliai mes compagnons. Nous poussâmes alors sans tarder les gras troupeaux hors de leur chemin, jusqu'à notre arrivée au vaisseau. Quelle joie pour nos chers compagnons de revoir ceux d'entre nous qui avaient échappé à la mort, même s'ils pleuraient la disparition des autres ! Par un froncement de sourcils adressé à chacun, je leur défendis de pleurer, et j'ordonnai de rapidement monter à bord les moutons à la belle toison, et de fendre l'eau salée. Mes hommes embarquèrent aussitôt et frappaient bientôt de leurs rames la mer écumante.

Quand je n'étais pas trop loin pour faire entendre ma voix, j'adressai au Cyclope ces railleries : « Cyclope, ce n'était donc pas d'un homme sans courage que tu as, au creux de ton antre, dévoré les compagnons avec une grande violence ! De méchantes représailles devaient t'atteindre, malheureux qui ne craignait pas de manger des hôtes en ta demeure. Aussi Zeus et les autres dieux t'ont-ils châtié ! »

Ainsi parlais-je, et il entra aussitôt dans une violente fureur. Il arracha la cime d'une grande montagne et nous la jeta ; le roc ne tomba qu'à une faible distance de notre vaisseau à la pointe noire, et l'extrémité de la poupe faillit être brisée. Sa chute produisit un fort remous dans la mer, qui nous inonda et nous rejeta presque sur la côte. Mais saisissant à deux mains un long pieu, je repoussai la nef du rivage, et d'un signe de tête, j'ordonnai à mes compagnons de se jeter sur les rames, afin d'échapper à la mort. Ils se courbèrent sur les avirons. Lorsque nous nous fûmes davantage éloignés une seconde fois, je voulus encore héler le Cyclope, mais mes compagnons s'y opposaient par ces paroles suppliantes : « Malheureux ! Pourquoi veux-tu irriter ce sauvage ? En jetant ce projectile dans la mer, il vient de ramener notre vaisseau à la côte, et nous avons manqué y périr. S'il entend encore le son de ta voix, il aura tôt fait de briser nos têtes et notre nef sous un autre rocher qu'il lancera, car il peut encore aisément nous atteindre. » Mais leurs paroles ne persuadèrent pas mon cœur audacieux, et je criai de nouveau, cédant à la colère qui m'animait : « Cyclope, si jamais quelqu'un parmi les hommes mortels te demande qui t'infligea la honte de te crever l'œil, dis-lui qu'il t'a été arraché par Ulysse, le saccageur de villes, le fils de Laërte, qui demeure en Ithaque. »

Lui me répondit en gémissant : « Ah ! Malheur ! Voilà donc les anciens oracles qui s'accomplissent ! Il y avait ici un grand et noble devin, Télémos, fils d'Eurymos, qui excellait dans ses prédictions, et qui vieillit en prophétisant au milieu des Cyclopes. Il m'avait annoncé que tout ce qui m'arrive aujourd'hui s'accomplirait un jour, et que je serais privé de la vue par Ulysse. Et j'attendais la venue d'un homme grand et beau, doté d'une force immense ; mais c'est un homme de rien, infirme et vaurien, qui m'a crevé l'œil après m'avoir dompté avec du vin ! Mais viens ici, Ulysse, afin que je t'offre tes présents d'hospitalité. Je demanderai à l'illustre Ébranleur de la terre de te reconduire chez toi. Car je suis son fils, et lui se glorifie d'être mon père. Il me guérira s'il le veut, lui et personne d'autre, qu'il s'agisse des Dieux immortels ou des hommes mortels. »

Ainsi parla-t-il, et moi je lui répondis : « Plût aux Dieux que je t'eusse arraché l'âme et la vie avant de t'envoyer dans la demeure d'Hadès ! En vérité, ton œil ne sera pas guéri, même par l'Ébranleur de la terre. »

Alors le Cyclope pria le puissant Poséidon, élevant les mains vers le ciel étoilé : « Entends-moi, Poséidon à la chevelure sombre, toi qui portes la terre. Si je suis vraiment ton fils et si tu es vraiment mon père, fais que jamais cet Ulysse ne revienne en sa patrie, lui, le saccageur de villes, le fils de Laërte, qui a sa demeure en Ithaque ! Et si sa destinée est de revoir les siens et de rentrer dans sa maison bien construite, dans la terre de ses ancêtres, que ce soit un jour lointain, après maintes épreuves et la perte de tous ses compagnons, sur un vaisseau étranger, et qu'il trouve encore le malheur chez lui ! »

Telle fut sa prière, et le dieu à la chevelure sombre l'entendit. Puis, il souleva de nouveau une pierre beaucoup plus grosse, et, après l'avoir fait tournoyer, il la lança avec une force extraordinaire. Elle tomba à l'arrière du vaisseau à la proue sombre, manquant d'atteindre l'extrémité du gouvernail. La mer se souleva ; mais cette fois le flot revint en avant et poussa la nef vers l'île.

Dès que nous arrivâmes à l'endroit où étaient assemblées les autres nefs aux solides bordages, autour desquelles nos compagnons nous attendaient assis en pleurant, nous échouâmes le vaisseau sur le sable et débarquâmes au brisement de la mer. Ayant pris au fond de la cale les moutons du Cyclope, nous en fîmes un partage égal, afin que nul ne fût privé de sa part. Mes compagnons me donnèrent le bélier, qui représentait la plus belle part du partage. Je sacrifiai alors l'animal sur la grève au dieu des sombres nuées, Zeus, fils de Cronos, qui commande à tous les êtres, et je brûlai ses cuisses. Mais Zeus refusa mon offrande, et songeait à faire périr tous les vaisseaux aux solides bordages et mes fidèles compagnons.

Et tout au long du jour jusqu'au coucher du soleil, nous restâmes assis à festoyer, mangeant les chairs abondantes et buvant le doux vin. Quand le soleil disparut et que survinrent les ténèbres, nous dormîmes au brisement de la mer. Mais dès que, née au matin, parut Aurore aux doigts roses, je commandai à mes gens de s'embarquer et de détacher les amarres. Ils s'exécutèrent aussitôt, puis, assis en bon ordre, ils frappèrent de leurs rames la mer blanche d'écume. De là, nous naviguâmes, certes contents d'avoir échappé à la mort, mais le cœur serré par la perte de nos chers compagnons.

ROBINSON CRUSOÉ

DANIEL DEFOE
TRADUIT PAR PÉTRUS BOREL

1er septembre 1651, le jeune Robinson Crusoé, qui rêve depuis toujours de naviguer, prend la mer contre la volonté de ses parents. Le navire sur lequel il se trouve ayant été arraisonné par un corsaire turc, Robinson est fait prisonnier et devient l'esclave d'un Maure. Parvenant à s'échapper à bord d'une chaloupe, il rejoint la côte de Guinée où un navire portugais le recueille et le mène jusqu'au Brésil. Alors que

huit années se sont écoulées depuis son départ et qu'il est devenu propriétaire d'une plantation de tabac, Robinson, en mal d'aventures, décide de se joindre à une expédition qui part à la recherche d'esclaves en Afrique...

Notre vaisseau, d'environ cent vingt tonneaux, portait six canons et quatorze hommes, non compris le capitaine, son valet et moi. Nous n'avions guère à bord d'autres cargaisons de marchandises que des quincailleries convenables pour notre commerce avec les Nègres, tels que des perles de couleur, des morceaux de verre, des coquilles, de méchantes babioles, surtout de petits miroirs, des couteaux, des ciseaux, des cognées et autres choses semblables.

Le jour même où j'allai à bord, nous mîmes à la voile, faisant route au nord le long de notre côte, dans le dessein de cingler vers celle d'Afrique, quand nous serions par les dix ou onze degrés de latitude septentrionale ; c'était, à ce qu'il paraît, la manière de faire ce trajet à cette époque. Nous eûmes un fort bon temps, mais excessivement chaud, tout le long de notre côte jusqu'à la hauteur du cap Saint-Augustin, où, gagnant le large, nous noyâmes la terre et portâmes le cap, comme si nous étions chargés pour l'île Fernando-de-Noronha ; mais, tenant notre course au nord-est quart nord, nous laissâmes à l'est cette île et ses adjacentes. Après une navigation d'environ douze jours, nous avions doublé la ligne et nous étions, suivant notre dernière estime, par les sept degrés vingt-deux minutes de latitude nord, quand un violent tourbillon ou un ouragan nous désorienta entièrement. Il commença du sud-est, tourna à peu près au nord-ouest, et enfin se fixa au nord-est, d'où il se déchaîna d'une manière si terrible, que pendant douze jours de suite nous ne fîmes que dériver, courant devant lui et nous laissant emporter partout où la fatalité et la furie des vents nous poussaient. Durant ces douze jours, je n'ai pas besoin de dire que je m'attendais à chaque instant à être englouti ; de fait, personne sur le vaisseau n'espérait sauver sa vie.

Dans cette détresse, nous eûmes, outre la terreur de la tempête, un de nos hommes mort de la calenture, et un matelot et le domestique emportés par une lame. Vers le douzième jour, le vent mollissant un peu, le capitaine prit hauteur, le mieux qu'il put, et estima qu'il était environ par les onze degrés de latitude nord, mais qu'avec le cap Saint-Augustin, il avait vingt-deux degrés de différence en longitude ouest ; de sorte qu'il se trouva avoir gagné la côte de la Guyane, ou partie septentrionale du Brésil, au-delà du fleuve des Amazones, vers l'Orénoque, communément appelé « la grande rivière ». Alors il commença à consulter avec moi sur la route qu'il devait prendre, car le navire faisait plusieurs voies d'eau et était tout à fait désemparé. Il opinait pour rebrousser directement vers les côtes du Brésil.

J'étais d'un avis positivement contraire. Après avoir examiné avec lui les cartes des côtes maritimes de l'Amérique, nous conclûmes qu'il n'y avait point de pays habité où nous pourrions relâcher avant que nous eussions atteint l'archipel des Caraïbes. Nous résolûmes donc de faire voile vers La Barbade, où nous espérions, en gardant la haute mer pour éviter l'entrée du golfe de Mexique, pouvoir aisément parvenir en quinze jours de navigation, d'autant qu'il nous était impossible de faire notre voyage à la côte d'Afrique sans des secours, et pour notre vaisseau et pour nous-mêmes.

Dans ce dessein, nous changeâmes de route, et nous gouvernâmes nord-ouest quart ouest, afin d'atteindre une de nos îles anglaises, où je comptais recevoir quelque assistance. Mais il en devait être autrement ; car, par les douze degrés dix-huit minutes de latitude, nous fûmes assaillis par une seconde tempête qui nous emporta avec la même impétuosité vers l'ouest, et nous poussa si loin hors de toute route fréquentée, que si nos existences avaient été sauvées quant à la mer, nous aurions eu plutôt la chance d'être dévorés par les Sauvages que celle de retourner en notre pays.

En ces extrémités, le vent soufflait toujours avec violence, et à la pointe du jour un de nos hommes s'écria : « Terre ! » À peine nous étions-nous précipités hors de la cabine, pour regarder dans l'espoir de reconnaître en quel endroit du monde nous étions, que notre navire donna contre un banc de sable : son mouvement étant ainsi subitement arrêté, la mer déferla sur lui d'une telle manière, que nous nous attendîmes tous à périr sur l'heure, et que nous nous réfugiâmes vers le gaillard d'arrière, pour nous mettre à l'abri de l'écume et des éclaboussures des vagues.

Il serait difficile à quelqu'un qui ne se serait pas trouvé en une pareille situation de décrire ou de concevoir la consternation d'un équipage dans de telles circonstances. Nous ne savions ni où nous étions, ni vers quelle terre nous avions été poussés, ni si c'était une île ou un continent, ni si elle était habitée ou inhabitée. Et comme la fureur du vent était toujours grande, quoique moindre, nous ne pouvions pas même espérer que le navire demeurerait quelques minutes sans se briser en morceaux, à moins que les vents, par une sorte de miracle, ne changeassent subitement. En un mot, nous nous regardions les uns les autres, attendant la mort à chaque instant, et nous préparant tous pour un autre monde, car il ne nous restait rien ou que peu de chose à faire en celui-ci. Toute notre consolation présente, tout notre réconfort, c'était que le vaisseau, contrairement à notre attente, ne se brisait pas encore, et que le capitaine disait que le vent commençait à s'abattre. Nous nous aperçûmes en effet que le vent s'était un peu apaisé, néanmoins notre vaisseau ainsi échoué sur le sable, étant trop engravé pour espérer de le remettre à flot, nous étions vraiment dans une situation horrible, et il ne nous restait plus qu'à songer à sauver notre vie du mieux que nous pourrions. Nous avions un canot à notre poupe avant la tourmente, mais d'abord il s'était défoncé à force de heurter contre le gouvernail du navire, et, ensuite, ayant rompu ses amarres, il avait été englouti ou emporté au loin à la dérive ; nous ne pouvions donc pas compter sur lui. Nous avions bien encore une chaloupe à bord, mais la mettre à la mer était chose difficile ; cependant il n'y avait pas à tergiverser, car nous nous imaginions à chaque minute que le vaisseau se brisait, et même quelques-uns de nous affirmaient que déjà il était entrouvert.

Alors notre second se saisit de la chaloupe, et, avec l'aide des matelots, elle fut lancée par-dessus le flanc du navire. Nous y descendîmes tous, nous abandonnant, onze que nous étions, à la merci de Dieu et de la tempête ; car, bien que la tourmente fût considérablement apaisée, la mer, néanmoins, s'élevait à une hauteur effroyable contre le rivage, et pouvait bien être appelée *den wild zee,* « la mer sauvage », comme les Hollandais la nomment lorsqu'elle est orageuse.

Notre situation était alors vraiment déplorable, nous voyions tous pleinement que la mer était trop grosse pour que notre embarcation pût résister, et qu'inévitablement nous serions engloutis. Comment cingler, nous n'avions pas de voiles, et nous en aurions eu que nous n'en aurions rien pu faire. Nous nous mîmes à ramer vers la terre, mais avec le cœur gros et comme des hommes marchant au supplice. Aucun de nous n'ignorait que la chaloupe, en abordant, serait brisée en mille pièces par le choc de la mer. Néanmoins après avoir recommandé nos âmes à Dieu, de la manière la plus fervente, nous hâtâmes de nos propres mains notre destruction en ramant de toutes nos forces vers la terre où déjà le vent nous poussait.

Le rivage était-il du roc ou du sable, était-il plat ou escarpé, nous l'ignorions. Il ne nous restait qu'une faible lueur d'espoir, c'était d'atteindre une baie, une embouchure de fleuve, où par un grand bonheur nous pourrions faire entrer notre barque, l'abriter du vent, et peut-être même trouver le calme. Mais rien de tout cela n'apparaissait ; Pire, à mesure que nous approchions de la rive, la terre nous semblait plus redoutable que la mer.

Après avoir ramé, ou plutôt dérivé pendant une lieue et demie, à ce que nous jugions, une vague furieuse, s'élevant comme une montagne, vint, en roulant à notre arrière, nous annoncer notre coup de grâce. Bref, elle nous saisit avec tant de furie que d'un seul coup elle fit chavirer la chaloupe et nous en jeta loin, séparés les uns des autres, en nous laissant à peine le temps de dire « Ô mon Dieu ! » car nous fûmes tous engloutis en un moment.

* * *

Rien ne saurait retracer quelle était la confusion de mes pensées lorsque j'allai au fond de l'eau. Quoique je nageasse très bien, il me fut impossible de me délivrer des flots pour prendre respiration. La vague, m'ayant porté ou plutôt emporté à une longue distance vers le rivage, et s'étant étalée et retirée, me laissa presque à sec, mais à demi étouffé par l'eau que j'avais avalée. Me voyant plus près de la terre ferme que je ne m'y étais attendu, j'eus assez de présence d'esprit et de force pour me dresser sur mes pieds, et m'efforcer de gagner le rivage, avant qu'une autre vague revînt et m'enlevât. Mais je sentis bientôt que c'était impossible, car je vis la mer s'avancer derrière moi furieuse et aussi haute qu'une grande montagne. Je n'avais ni le moyen ni la force de combattre cet ennemi ; ma seule ressource était de retenir mon haleine, et de m'élever au-dessus de l'eau, et en surnageant ainsi de préserver ma respiration, et de voguer vers la côte, s'il m'était possible. J'appréhendais par-dessus tout que le flot, après m'avoir transporté, en venant, vers le rivage, ne me rejetât dans la mer en s'en retournant.

La vague qui revint sur moi m'ensevelit tout d'un coup, dans sa propre masse, à la profondeur de vingt ou trente pieds ; je me sentais emporté avec une violence et une rapidité extrêmes à une grande distance du côté de la terre. Je retenais mon souffle, et je nageais de toutes mes forces. J'étais près d'étouffer, faute de respiration, quand je me sentis remonter, et quand, à mon grand soulagement, ma tête et mes mains percèrent au-dessus de l'eau. Il me fut impossible de me maintenir ainsi plus de deux secondes, cependant cela me fit un bien extrême, en me redonnant de l'air et du courage. Je fus derechef couvert d'eau assez longtemps, mais je tins bon ; et, sentant que la lame étalait et qu'elle commençait à refluer, je coupai à travers les vagues et je repris pied. Pendant quelques instants je demeurai tranquille pour prendre haleine, et pour attendre que les eaux se fussent éloignées. Puis, alors, prenant mon élan, je courus à toutes jambes vers le rivage. Mais cet effort ne put me délivrer de la furie de la mer, qui revenait fondre sur moi ; et, par deux fois, les vagues m'enlevèrent, et, comme précédemment, m'entraînèrent au loin, le rivage étant tout à fait plat.

La dernière de ces deux fois avait été bien près de m'être

fatale ; car la mer m'ayant emporté ainsi qu'auparavant, elle me mit à terre, ou plutôt elle me jeta contre un quartier de roc, et avec une telle force qu'elle me laissa évanoui, dans l'impossibilité de travailler à ma délivrance. Le coup, ayant porté sur mon flanc et sur ma poitrine, avait pour ainsi dire chassé entièrement le souffle de mon corps ; et, si je l'avais recouvré immédiatement, j'aurais étouffé dans l'eau ; mais il me revint un peu avant le retour des vagues, et voyant qu'elles allaient encore m'envelopper, je résolus de me cramponner au rocher et de retenir mon haleine, jusqu'à ce qu'elles fussent retirées. Comme la terre était proche, les lames ne s'élevaient plus aussi haut, et je ne quittai point prise avant qu'elles ne se fussent abattues. Alors je repris ma course, et je m'approchai tellement de la terre que la nouvelle vague, quoiqu'elle me traversât, ne m'engloutit point assez pour m'entraîner. Enfin, après un dernier effort, je parvins à la terre ferme, où, à ma grande satisfaction, je gravis les rochers escarpés du rivage, et m'assis sur l'herbe, délivré de tous périls et à l'abri de toute atteinte de l'océan.

J'étais alors à terre et en sûreté sur la rive ; je commençai à regarder le ciel et à remercier Dieu de ce que ma vie était sauvée, dans un cas où, quelques minutes auparavant, il y avait à peine lieu d'espérer. Je crois qu'il serait impossible d'exprimer au vif ce que sont les extases et les transports d'une âme arrachée, pour ainsi dire, du plus profond de la tombe. Aussi ne suis-je pas étonné de la coutume d'amener un chirurgien pour tirer du sang au criminel à qui on apporte des lettres de surséance juste au moment où, la corde serrée au cou, il est près de recevoir la mort, afin que la surprise ne chasse point les esprits vitaux de son cœur, et ne le tue point.

Car le premier effet des joies et des afflictions soudaines est d'anéantir.

Absorbé dans la contemplation de ma délivrance, je me promenais çà et là sur le rivage, levant les mains vers le ciel, faisant mille gestes et mille mouvements que je ne saurais décrire ; songeant à tous mes compagnons qui étaient noyés, et que pas une âme n'avait dû être sauvée excepté moi ; car je ne les revis jamais, ni eux ni aucun vestige d'eux, si ce n'est trois chapeaux, un bonnet et deux souliers dépareillés.

Alors je jetai les yeux sur le navire échoué ; mais il était si éloigné, et les brisants et l'écume de la lame étaient si forts, qu'à peine pouvais-je le distinguer ; et je considérai, ô mon Dieu ! comment il avait été possible que j'eusse atteint le rivage ?

Après avoir soulagé mon esprit par tout ce qu'il y avait de consolant dans ma situation, je commençai à regarder à l'entour de moi, pour voir en quelle sorte de lieu j'étais, et ce que j'avais à faire. Je sentis bientôt mon contentement diminuer, et qu'en un mot ma délivrance était affreuse, car j'étais trempé et n'avais pas de vêtements pour me changer, ni rien à manger ou à boire pour me réconforter. Je n'avais non plus d'autre perspective que celle de mourir de faim ou d'être dévoré par les bêtes féroces. Ce qui m'affligeait particulièrement, c'était de ne point avoir d'arme pour chasser et tuer quelques animaux pour ma subsistance, ou pour me défendre contre n'importe quelles créatures qui voudraient me tuer pour la leur. Bref, je n'avais rien sur moi, qu'un couteau, une pipe à tabac, et un peu de tabac dans une boîte. C'était là toute ma provision ; aussi tombai-je dans une si terrible désolation d'esprit que pendant quelque temps je courus çà et là comme un insensé. À la tombée du jour, le cœur plein de tristesse, je commençai à considérer quel serait mon sort s'il y avait en cette contrée des bêtes dévorantes, car je n'ignorais pas qu'elles sortent à la nuit pour rôder et chercher leur proie.

La seule ressource qui s'offrit alors à ma pensée fut de monter à un arbre épais et touffu, semblable à un sapin, mais épineux, qui croissait près de là, et où je résolus de m'établir pour toute la nuit, laissant au lendemain à considérer de quelle mort il me faudrait mourir ; car je n'entrevoyais encore nul moyen d'existence. Je m'éloignai d'environ un demi-quart de mille du rivage, afin de voir si je ne trouverais point d'eau douce pour étancher ma soif : à ma grande joie, j'en rencontrai. Après avoir bu, ayant mis un peu de tabac dans ma bouche pour prévenir la faim, j'allai à l'arbre, je montai dedans, et je tâchai de m'y placer de manière à ne pas tomber si je venais à m'endormir ; et, pour ma défense, ayant coupé un bâton court, semblable à un gourdin, je pris possession de mon logement. Comme j'étais extrêmement fatigué, je tombai dans un profond sommeil, et je dormis confortablement comme peu de personnes, je pense, l'eussent pu faire en ma situation, et je m'en trouvai plus soulagé que je crois l'avoir jamais été dans une occasion de ce genre.

Lorsque je m'éveillai il faisait grand jour ; le temps était clair, l'orage était abattu, la mer n'était plus ni furieuse ni houleuse comme la veille. Mais quelle fut ma surprise en voyant que le vaisseau avait été, par l'élévation de la marée, enlevé, pendant la nuit, du banc de sable où il s'était engravé, et qu'il avait dérivé presque jusqu'au récif dont j'ai parlé plus haut, et contre lequel j'avais été précipité et meurtri. Il était environ à un mille du rivage, et comme il paraissait poser encore sur sa quille, je souhaitai aller à bord, afin de sauver au moins quelques choses nécessaires pour mon usage.

Quand je fus descendu de mon appartement, c'est-à-dire de l'arbre, je regardai encore à l'entour de moi, et la première chose que je découvris fut la chaloupe, gisant sur la terre, où le vent et la mer l'avaient lancée, à environ deux milles à ma droite. Je marchai le long du rivage aussi loin que je pus pour y arriver ; mais ayant trouvé entre cette embarcation et moi un bras de mer qui avait environ un demi-mille de largeur, je rebroussai chemin ; car j'étais alors bien plus désireux de parvenir au bâtiment, où j'espérais trouver quelque chose pour ma subsistance.

Un peu après midi, la mer était très calme et la marée si basse, que je pouvais avancer jusqu'à un quart de mille du vaisseau. Là, j'éprouvai un renouvellement de douleur ; car je vis clairement que si nous fussions demeurés à bord, nous eussions tous été sauvés, c'est-à-dire que nous serions tous venus à terre sains et saufs, et que je n'aurais pas été si malheureux que d'être, comme je l'étais alors, entièrement dénué de toute société et de toute consolation. Ceci m'arracha de nouvelles larmes des yeux ; mais ce n'était qu'un faible soulagement, et je résolus d'atteindre le navire, s'il était possible. Je me déshabillai, car la chaleur était extrême, et me mis à l'eau. Parvenu au bâtiment, la grande difficulté était de savoir comment monter à bord. Comme il posait sur terre et s'élevait à une grande hauteur hors de l'eau, il n'y avait rien à ma portée que je pusse saisir. J'en fis deux fois le tour à la nage, et, la seconde fois, j'aperçus un petit bout de cordage, que je fus étonné de n'avoir point vu d'abord, et qui pendait au porte-hauban de misaine, assez bas pour que je pusse l'atteindre, mais non sans grande difficulté. À l'aide de cette corde je me hissai sur le gaillard d'avant. Là, je vis que le vaisseau était brisé, et qu'il y avait une grande quantité d'eau dans la cale, mais qu'étant posé sur les accores d'un banc de sable ferme, ou plutôt de terre, il portait la poupe extrêmement haut et la proue si bas qu'elle était presque à fleur d'eau ; de sorte que l'arrière était libre, et que tout ce qu'il y avait dans cette partie était sec. On peut bien être assuré que ma première besogne fut de chercher à voir ce qui était avarié et ce qui était intact. Je trouvai d'abord que toutes les provisions du vaisseau étaient en bon état et n'avaient point souffert de l'eau ; et me sentant fort disposé à manger, j'allais à la soute au pain où je remplis mes poches de biscuits, que je mangeai en m'occupant à autre chose ; car je n'avais pas de temps à perdre. Je trouvai aussi du rhum dans la grande chambre ; j'en bus un long trait, ce qui, en vérité, n'était pas trop pour me donner du cœur à l'ouvrage. Alors il ne me manquait plus rien, qu'une barque pour me munir de bien des choses que je prévoyais devoir m'être fort essentielles.

Il était superflu de demeurer oisif à souhaiter ce que je ne pouvais avoir ; la nécessité éveilla mon industrie. Nous avions à bord plusieurs vergues, plusieurs mâts de hune de rechange, et deux ou trois espars doubles ; je résolus de commencer par cela à me mettre à l'œuvre, et j'élinguai hors du bord tout ce qui n'était point trop pesant, attachant chaque pièce avec une corde pour qu'elle ne pût pas dériver. Quand ceci fut fait, je descendis à côté du bâtiment, et, les tirant à moi, je liai fortement ensemble quatre de ces pièces par les deux bouts, le mieux qu'il me fut possible, pour en former un radeau. Ayant posé en travers trois ou quatre bouts de bordage, je sentis que je pouvais très bien marcher dessus, mais qu'il ne pourrait pas porter une forte charge, à cause de sa légèreté. Je me remis donc à l'ouvrage, et, avec la scie du charpentier, je coupai en trois, sur la longueur, un mât de hune, et l'ajoutai à mon radeau avec beaucoup de travail et de peine. Mais l'espérance de me procurer le nécessaire me poussait à faire bien au-delà de ce que j'aurais été capable d'exécuter en toute autre occasion.

* * *

Mon radeau était désormais assez fort pour porter un poids raisonnable ; il ne s'agissait plus que de voir de quoi je le chargerais et comment je préserverais ce chargement du ressac de la mer ; j'eus bientôt pris ma détermination. D'abord, je mis tous les bordages et toutes les planches que je pus atteindre ; puis, ayant bien songé à ce dont j'avais le plus besoin, je pris premièrement trois coffres de matelots, que j'avais forcés et vidés, et je les descendis sur mon radeau. Le premier je le remplis de provisions, savoir : du pain, du riz, trois fromages de Hollande, cinq pièces de viande de chèvre séchée, dont l'équipage faisait sa principale nourriture, et un petit reste de blé d'Europe mis à part pour quelques poules que nous avions embarquées et qui avaient été tuées. Il y avait aussi à bord un peu d'orge et de froment mêlé ensemble ; mais je m'aperçus, à mon grand désappointement, que ces grains avaient été mangés ou gâtés par les rats. Quant aux liqueurs, je trouvai plusieurs caisses de bouteilles appartenant à notre patron, dans lesquelles étaient quelques eaux cordiales ; et enfin environ cinq ou six gallons d'arack ; mais je les arrimai séparément parce qu'il n'était pas nécessaire de les mettre dans le coffre, et que, d'ailleurs, il n'y avait plus de place pour elles. Tandis que j'étais occupé à ceci, je remarquai que la marée, quoique très calme, commençait à monter, et j'eus la mortification de voir flotter au large mon justaucorps, ma chemise et ma veste, que j'avais laissés sur le sable du rivage. Quant à mon haut-de-chausses, qui était seulement de toile et ouvert aux genoux, je l'avais gardé sur moi ainsi que mes bas pour nager jusqu'à bord. Quoi qu'il en soit, cela m'obligea d'aller à la recherche des hardes. J'en trouvai suffisamment, mais je ne pris que ce dont j'avais besoin pour le présent ; car il y avait d'autres choses que je convoitais bien davantage, telles que des outils pour travailler à terre. Ce ne fut qu'après une longue quête que je découvris le coffre du charpentier, qui fut alors, en vérité, une capture plus profitable et d'une bien plus grande valeur, pour moi, que ne l'eût été un plein vaisseau d'or. Je le descendis sur mon radeau tel qu'il était, sans perdre mon temps à regarder dedans, car je savais, en général, ce qu'il contenait.

Je pensai ensuite aux munitions et aux armes ; il y avait dans la grande chambre deux très bons fusils de chasse et deux pistolets ; je les mis d'abord en réserve avec quelques poires à poudre, un petit sac de menu plomb et deux vieilles épées rouillées. Je savais qu'il existait à bord trois barils de poudre, mais j'ignorais où notre canonnier les avait rangés ; enfin je les trouvai après une longue perquisition. Il y en avait un qui avait été mouillé ; les deux autres étaient secs et en bon état, et je les mis avec les armes sur mon radeau. Me croyant alors assez bien chargé, je commençai à songer comment je devais conduire tout cela au rivage ; car je n'avais ni voile, ni aviron, ni gouvernail, et la moindre bouffée de vent pouvait submerger tout mon équipage.

Trois choses relevaient mon courage : 1/ une mer calme et unie ; 2/ la marée montante et portant à la terre ; 3/ le vent, qui tout faible qu'il était, soufflait vers le rivage. Enfin, ayant trouvé deux ou trois rames rompues appartenant à la chaloupe, et deux scies, une hache et un marteau, en outre des outils qui étaient dans le coffre, je me mis en mer avec ma cargaison. Jusqu'à un mille, ou environ, mon radeau alla très bien ; seulement je m'aperçus qu'il dérivait un peu au-delà de l'endroit où d'abord j'avais pris terre. Cela me fit juger qu'il y avait là un courant d'eau, et me fit espérer, par conséquent, de trouver une crique ou une rivière dont je pourrais faire usage comme d'un port, pour débarquer mon chargement.

La chose était ainsi que je l'avais présumé. Je découvris devant moi une petite ouverture de terre, et je vis la marée qui s'y précipitait. Je gouvernai donc mon radeau du mieux que je pus pour le maintenir dans le milieu du courant ; mais là je faillis faire un second naufrage, qui, s'il fût advenu, m'aurait, à coup sûr, brisé le cœur. Cette côte m'étant tout à fait inconnue, j'allai toucher d'un bout de mon radeau sur un banc de sable, et comme l'autre bout n'était point ensablé, peu s'en fallut que toute ma cargaison ne glissât hors du train et ne tombât dans l'eau. Je fis tout mon possible, en appuyant mon dos contre les coffres, pour les retenir à leur place ; car tous mes efforts eussent été insuffisants pour repousser le radeau ; je n'osais pas, d'ailleurs, quitter la posture où j'étais. Soutenant ainsi les coffres de toutes mes forces, je demeurai dans cette position près d'une demi-heure, durant laquelle la crue de la marée vint me remettre un peu plus de niveau. L'eau s'élevant toujours, quelque temps après, mon train surnagea de nouveau, et, avec la rame que j'avais, je le poussai dans le chenal. Lorsque j'eus été drossé plus haut, je me trouvai enfin à l'embouchure d'une petite rivière, entre deux rives, sur un courant ou flux rapide qui remontait. Cependant je cherchais des yeux, sur l'un et l'autre bord, une place convenable pour prendre terre ; car, espérant, avec le temps, apercevoir quelque navire en mer, je ne voulais pas me laisser entraîner trop avant ; et c'est pour cela que je résolus de m'établir aussi près de la côte que je le pourrais.

Enfin je découvris une petite anse sur la rive droite de la crique, vers laquelle, non sans beaucoup de peine et de difficulté, je conduisis mon radeau. J'en approchai si près, que, touchant le fond avec ma rame, j'aurais pu l'y pousser directement ; mais, le faisant, je courais de nouveau le risque de submerger ma cargaison, parce que la côte était escarpée ou tout au moins en pente assez raide, et qu'il n'y avait pas une place pour aborder, où, si l'extrémité de mon train eût porté à terre, il n'eût été élevé aussi haut et incliné aussi bas de l'autre côté que la première fois, et n'eût mis encore mon chargement en danger. Tout ce que je pus faire, ce fut d'attendre que la marée fût à sa plus grande hauteur, me servant d'un aviron en guise d'ancre pour retenir mon radeau et l'appuyer contre le bord, proche d'un terrain plat que j'espérais voir inondé, ce qui arriva effectivement. Si tôt que je trouvais assez d'eau – mon radeau tirait environ un pied – je le poussai sur le terrain plat, où je l'amarrai en fichant dans la terre mes deux rames brisées ; l'une d'un côté près d'un bout, l'autre du côté opposé près de l'autre bout, et je demeurai ainsi jusqu'à ce que le jusant eût laissé en sûreté, sur le rivage, mon radeau et toute ma cargaison.

Ensuite ma première occupation fut de reconnaître le pays, et de chercher un endroit favorable pour ma demeure et pour ranger mes bagages, et les mettre à couvert de tout ce qui pourrait advenir. J'ignorais encore où j'étais. Était-ce une île ou le continent ? Était-ce habité ou inhabité ? Étais-je ou n'étais-je pas en danger des bêtes féroces ? À un mille de moi au plus, il y avait une montagne très haute et très escarpée qui semblait en dominer plusieurs autres dont la chaîne s'étendait au nord. Je pris un de mes fusils de chasse, un de mes pistolets et une poire à poudre, et armé de la sorte je m'en allai à la découverte sur cette montagne. Après avoir, avec beaucoup de peine et de difficulté, gravi la cime, je compris, à ma grande affliction, ma destinée, c'est-à-dire que j'étais dans une île au milieu de l'océan, d'où je n'apercevais d'autre terre que des récifs fort éloignés et deux petites îles moindres que celle où j'étais, situées à trois lieues environ vers l'ouest.

Je reconnus aussi que l'île était inculte, et que vraisemblablement elle n'était habitée que par des bêtes féroces ; pourtant je n'en apercevais aucune ; mais, en revanche, je voyais quantité d'oiseaux dont je ne connaissais pas l'espèce. Je n'aurais pas même pu, lorsque j'en aurais tué, distinguer ceux qui étaient bons à manger de ceux qui ne l'étaient pas. En revenant, je tirai sur un gros oiseau que je vis se poser sur un arbre, au bord d'un grand bois ; c'était, je pense, le premier coup de fusil qui eût été tiré en ce lieu depuis la création du monde. Je n'eus pas plus tôt fait feu, que de toutes les parties du bois il s'éleva un nombre incalculable d'oiseaux de diverses espèces, faisant une rumeur confuse et criant chacun selon sa note accoutumée. Pas un d'eux n'était d'une espèce qui me fût connue. Quant à l'animal que je tuai, je le pris pour une sorte de faucon ; il en avait la couleur et le bec, mais non pas les serres ni les éperons ; sa chair était puante et ne valait absolument rien.

Me contentant de cette découverte, je revins à mon radeau et me mis à l'ouvrage pour le décharger. Cela me prit tout le reste du jour. Que ferais-je de moi à la nuit ? Où reposerai-je ? En vérité je l'ignorais ; car je redoutais de coucher à terre, ne sachant si quelque bête féroce ne me dévorerait pas. Comme j'ai eu lieu de le reconnaître depuis, ces craintes étaient réellement mal fondées.

Néanmoins, je me barricadai aussi bien que je pus avec les coffres et les planches que j'avais apportés sur le rivage, et je me fis une sorte de hutte pour mon logement de cette nuit-là. Quant à ma nourriture je ne savais pas encore comment j'y suppléerais, si ce n'est que j'avais vu deux ou trois animaux semblables à des lièvres s'enfuir hors du bois où j'avais tiré sur l'oiseau.

Alors je commençai à réfléchir que je pourrais encore enlever du vaisseau bien des choses qui me seraient fort utiles, particulièrement des cordages et des voiles, et autres objets qui pourraient être transportés. Je résolus donc de faire un nouveau voyage à bord si c'était possible ; et, comme je n'ignorais pas que la première tourmente qui soufflerait briserait nécessairement le navire en mille pièces, je renonçai à rien entreprendre jusqu'à ce que j'en eusse retiré tout ce que je pourrais en avoir. Alors je tins conseil, en mes pensées veux-je dire, pour décider si je me resservirais du même radeau. Cela me parut impraticable ; aussi me déterminai-je à y retourner comme la première fois, quand la marée serait basse, ce que je fis.

LES AVENTURES D'ARTHUR GORDON PYM

EDGAR ALLAN POE
TRADUIT PAR CHARLES BAUDELAIRE

Unique roman d'Edgar Allan Poe, *Les Aventures d'Arthur Gordon Pym* embarquent le lecteur dans un voyage initiatique aux étranges rebondissements. Dans ce récit, rédigé à la première personne et que l'auteur tenta au moment de sa parution de faire passer pour un authentique journal de bord, on suivra le héros jusqu'aux confins inexplorés du pôle Antarctique...

Mon nom est Arthur Gordon Pym. Mon père était un respectable commerçant dans les fournitures de la marine, à Nantucket, où je suis né. Mon aïeul maternel était *attorney,* avec une belle clientèle. Il avait de la chance en toutes choses, et il fit plusieurs spéculations très heureuses sur les fonds de l'Edgarton New Bank, lors de sa création. Par ces moyens et par d'autres, il réussit à se faire une fortune assez passable. Il avait plus d'affection pour moi, je crois, que pour toute autre personne au monde, et j'avais lieu d'espérer la plus grosse part de cette fortune à sa mort. Il m'envoya, à l'âge de six ans, à l'école du vieux M. Ricketts, brave gentleman qui n'avait qu'un bras, et des manières assez excentriques ; il est bien connu de presque toutes les personnes qui ont visité New Bedford. Je restai à son école jusqu'à l'âge de seize ans, et je la quittai alors pour l'académie de M. E. Ronald, sur la montagne. Là je me liai intimement avec le fils de M. Barnard, capitaine de navire, qui voyageait ordinairement pour la maison Lloyd et Vredenburg ; M. Barnard est bien connu aussi à New Bedford, et il a, j'en suis sûr, plusieurs parents à Edgarton. Son fils s'appelait Auguste, et il était plus âgé que moi de deux ans à peu près. Il avait fait un voyage avec son père sur le baleinier le *John Donaldson,* et il me parlait sans cesse de ses aventures dans l'océan Pacifique du Sud. J'allais fréquemment avec lui dans sa famille, j'y passais la journée et quelquefois toute la nuit. Nous couchions dans le même lit, et il était bien sûr de me tenir éveillé presque jusqu'au jour en me racontant une foule d'histoires sur les naturels de l'île de Tinian, et autres lieux qu'il avait visités dans ses voyages. Je finis par prendre un intérêt particulier à tout ce qu'il me disait, et peu à peu je conçus le plus violent désir d'aller sur mer. Je possédais un canot à voiles qui s'appelait l'*Ariel,* et qui valait bien soixante-quinze dollars environ, il avait un pont coupé, avec un coqueron, et il était gréé en sloop ; j'ai oublié son tonnage, mais il aurait pu tenir dix personnes sans trop de peine. C'était avec ce bateau que nous avions l'habitude de faire les plus folles équipées du monde ; et maintenant, quand j'y pense, c'est pour moi le plus parfait des miracles que je sois encore vivant.

Je raconterai l'une de ces aventures, en matière d'introduction à un récit plus long et plus important. Un soir, il y avait du monde chez M. Barnard, et à la fin de la soirée, Auguste et moi, nous étions passablement gris. Comme je faisais d'ordinaire en pareil cas, au lieu de retourner chez moi, je préférai partager son lit. Il s'endormit fort tranquillement, je le crus du moins (il était à peu près une heure du matin quand la société se sépara), et sans dire un mot sur son sujet favori. Il pouvait bien s'être écoulé une demi-heure depuis que nous étions au lit, et j'allais justement m'assoupir, quand il se réveilla soudainement et jura, avec un terrible juron, qu'il ne consentirait pas à dormir, pour tous les Arthur Pym de la chrétienté, quand soufflait une si belle brise du sud-ouest. Jamais de ma vie je ne fus si étonné, ne sachant pas ce qu'il voulait dire, et pensant que les vins et les liqueurs qu'il avait absorbés l'avaient mis absolument hors de lui. Il se mit néanmoins à causer très tranquillement, disant qu'il savait bien que je le croyais ivre, mais qu'au contraire il n'avait jamais de sa vie été plus calme. Il était seulement fatigué, ajouta-t-il, de rester au lit comme un chien par une nuit aussi belle, et il était résolu à se lever, à s'habiller, et à faire une partie en canot. Je ne saurais dire ce qui s'empara de moi ; mais à peine ces mots étaient-ils sortis de sa bouche, que je sentis le frisson de l'excitation, la plus grande ardeur au plaisir, et je trouvai que sa folle idée était une des plus délicieuses et des plus raisonnables choses du monde. La brise qui soufflait était presque une tempête, et le temps était très froid ; nous étions déjà assez avant en octobre. Je sautai du lit, toutefois, dans une espèce de démence, et je lui dis que j'étais aussi brave que lui, aussi fatigué que lui de rester au lit comme un chien, et aussi prêt à faire toutes les parties de plaisir du monde que tous les Auguste Barnard de Nantucket.

Nous mîmes nos habits en toute hâte, et nous nous précipitâmes vers le canot. Il était amarré au vieux quai ruiné près du chantier de construction de Pankey et Compagnie, battant affreusement de son bordage les solives raboteuses. Auguste entra dedans et se mit à le vider, car il était à moitié plein d'eau. Cela fait, nous hissâmes le foc et la grande voile, nous portâmes plein, et nous nous élançâmes avec audace vers le large.

Le vent, comme je l'ai dit, soufflait frais du sud-ouest. La nuit était claire et froide. Auguste avait pris la barre, et je m'étais installé près du mât sur le pont de la cabine. Nous filions tout droit avec une grande vitesse, et nous n'avions ni l'un ni l'autre soufflé un mot depuis que nous avions détaché le canot du quai. Je demandai alors à mon camarade quelle route il prétendait tenir, et à quel moment il croyait que nous reviendrions à terre. Il siffla pendant quelques minutes, et puis dit d'un ton hargneux :

— *Moi*, je vais en mer ; quant à vous, *vous* pouvez bien aller à la maison si vous le jugez à propos !

Tournant mes yeux vers lui, je m'aperçus tout de suite que, malgré son insouciance affectée, il était en proie à une forte agitation. Je pouvais le voir distinctement à la clarté de la lune : son visage était plus pâle que du marbre, et sa main tremblait si fort qu'à peine pouvait-elle retenir la barre. Je vis qu'il était arrivé quelque chose de grave, et je devins sérieusement inquiet. À cette époque, je n'étais pas très fort sur la manœuvre, et je me trouvais complètement à la merci de la science nautique de mon ami. Le vent venait aussi de fraîchir tout à coup, car nous étions vigoureusement poussés loin de la côte ; cependant j'étais honteux de laisser voir la moindre crainte, et pendant près d'une heure je gardai résolument le silence. Toutefois, je ne pus pas supporter cette situation plus longtemps, et je parlai à Auguste de la nécessité de revenir à terre. Comme précédemment, il resta près d'une minute sans me répondre et sans faire attention à mon conseil.

— Tout à l'heure, dit-il enfin,... nous avons le temps... chez nous... tout à l'heure.

Je m'attendais bien à une réponse de ce genre, mais il y avait dans l'accent de ses paroles quelque chose qui me remplit d'une sensation de crainte inexprimable. Je le considérai de nouveau attentivement. Ses lèvres étaient absolument livides, et ses genoux tremblaient si fort l'un contre l'autre qu'il semblait ne pouvoir qu'à peine se tenir debout.

— Pour l'amour de Dieu ! Auguste ! criai-je, complètement effrayé cette fois, qu'avez-vous ? qu'y a-t-il ? que décidez-vous ?

— Qu'y a-t-il ?! balbutia Auguste avec toute l'apparence d'un grand étonnement, lâchant en même temps la barre du gouvernail et se laissant tomber en avant dans le fond du canot, qu'y a-t-il ?! mais rien... rien du tout... à la maison... nous y allons, que diable !... ne le voyez-vous pas ?

Alors toute la vérité m'apparut. Je m'élançai vers lui et le relevai. Il était ivre, bestialement ivre ; il ne pouvait plus ni se tenir, ni parler, ni voir. Ses yeux étaient absolument vitreux. Dans l'excès de mon désespoir, je le lâchai, et il roula comme une bûche dans l'eau du fond du canot d'où je l'avais tiré. Il était évident que, pendant la soirée, il avait bu beaucoup plus que je n'avais soupçonné, et que sa conduite au lit était le résultat d'une de ces ivresses profondément concentrées, qui, comme la folie, donnent souvent à la victime la faculté d'imiter l'allure des gens en parfaite possession de leurs sens. L'atmosphère froide de la nuit avait produit bientôt son effet accoutumé ; l'énergie spirituelle avait cédé à son influence, et la perception confuse que sans aucun doute il avait eue alors de notre périlleuse situation n'avait servi qu'à hâter la catastrophe. Maintenant il était absolument inerte, et il n'y avait aucune probabilité pour qu'il fût autrement avant quelques heures.

Il n'est guère possible de se figurer toute l'étendue de mon effroi. Les fumées du vin s'étaient évaporées, et me laissaient doublement timide et irrésolu. Je savais que j'étais absolument incapable de manœuvrer le bateau et qu'une brise furieuse avec un fort reflux nous précipitait vers la mort. Une tempête s'amassait évidemment derrière nous ; nous n'avions ni boussole ni provisions, et il était clair que, si nous tenions notre route actuelle, nous perdrions la terre de vue avant le point du jour. Ces pensées et une foule d'autres, également terribles, traversèrent mon esprit avec une éblouissante rapidité, et pendant quelques instants elles me paralysèrent au point de m'ôter la possibilité de faire le moindre effort. Le canot fuyait en plein devant le vent ; il piquait dans l'eau et filait avec une terrible vitesse – sans un ris dans le foc ni dans la grande voile, et plongeant complètement son avant dans l'écume. C'était le miracle des miracles qu'il ne masquât pas, Auguste ayant lâché la barre, comme je l'ai dit, et j'étais, quant à moi, trop agité pour penser à m'en emparer. Mais, par bonheur, le canot se tint devant le vent, et peu à peu je recouvrai en partie ma présence d'esprit. Le vent augmentait toujours d'une manière furieuse, et quand, après avoir plongé de l'avant, nous nous relevions, la lame retombait, écrasante sur notre arrière, et nous inondait d'eau. Et puis j'étais si absolument glacé dans tous mes membres que je n'avais presque pas conscience de mes sensations. Enfin j'invoquai la résolution du désespoir, et, me précipitant sur la grande voile, je larguai tout. Comme je pouvais m'y attendre, elle fila pardessus l'avant, et submergée par l'eau, elle emporta net le mât par-dessus le bord. Ce fut ce dernier accident qui me sauva d'une destruction imminente. Avec le foc seulement, je pouvais maintenant fuir devant le vent, embarquant de temps à autre de gros paquets de mer par l'arrière, mais soulagé de la terreur d'une mort immédiate. Je me saisis de la barre, et je respirai avec un peu plus de liberté, voyant qu'il nous restait encore une dernière chance de salut. Auguste gisait toujours anéanti dans le fond du canot ; et, comme il était en danger imminent d'être noyé (il y avait presque un pied d'eau à l'endroit où il était tombé), je m'ingéniai à le soulever un peu, et, pour le maintenir dans la position d'un homme assis, je lui passai autour de la taille une corde que j'attachai à un anneau sur le pont de la cabine. Ayant ainsi arrangé toutes choses du mieux que je pouvais, glacé et agité comme je l'étais, je me recommandai à Dieu, et je me résolus à supporter tout ce qui m'arriverait avec toute la bravoure dont j'étais capable.

À peine m'étais-je affermi dans ma résolution, que soudainement un grand, long cri, un hurlement, comme jaillissant des gosiers de mille démons, sembla courir à travers l'espace et passer par-dessus notre bateau. Jamais, tant que je vivrai, je n'oublierai l'intense agonie de terreur que j'éprouvai en ce moment. Mes cheveux se dressèrent roides sur ma tête, je sentis mon sang se congeler dans mes veines, mon cœur cessa entièrement de battre, et, sans même lever une fois les yeux pour voir la cause de ma terreur, je tombai, la tête la première, comme un poids inerte, sur le corps de mon camarade.

Je me trouvai, quand je revins à moi, dans la chambre d'un grand navire baleinier, *Le Pingouin*, à destination de Nantucket. Quelques individus se penchaient sur moi, et Auguste, plus pâle que la mort, s'ingéniait activement à me frictionner les mains. Quand il me vit ouvrir les yeux, ses exclamations de gratitude et de joie excitèrent alternativement le rire et les larmes parmi les hommes au rude visage qui nous entouraient. Le mystère de notre conservation me fut bientôt expliqué.

Nous avions été coulés par le baleinier, qui gouvernait au plus près et louvoyait vers Nantucket avec toute la toile qu'il pouvait risquer par un pareil temps ; conséquemment, il courait sur nous presque à angle droit. Quelques hommes étaient de vigie à l'avant ; mais ils n'aperçurent notre bateau que quand il était impossible d'éviter la rencontre : leurs cris d'alarme étaient ce qui m'avait tellement terrifié. Le vaste navire, me dit-on, avait passé sur nous avec autant de facilité que notre petit bateau aurait glissé sur une plume, et sans le moindre dérangement dans sa marche. Pas un cri ne s'éleva du pont du canot martyrisé ; il y eut seulement un léger bruit, comme d'un déchirement, qui se mêla au mugissement du vent et de l'eau, quand la barque fragile, déjà engloutie, fut rabotée par la quille de son bourreau, mais ce fut tout. Pensant que notre bateau (démâté, on se le rappelle) n'était qu'une épave de rebut, le capitaine (capitaine E. T. V. Block, de New London) allait continuer sa route sans s'inquiéter autrement de l'aventure. Par bonheur, deux des hommes qui étaient en vigie jurèrent positivement qu'ils avaient aperçu quelqu'un à la barre et dirent qu'il était encore possible de le sauver. Une discussion s'ensuivit ; mais Block se mit en colère et dit au bout d'un instant que « ce n'était pas son métier de veiller éternellement à toutes les coquilles d'œuf ; que le navire ne virerait certainement pas de bord pour une pareille bêtise, et que s'il y avait un homme englouti, c'était bien sa faute ; qu'il ne s'en prît qu'à lui-même ; qu'il pouvait bien se noyer et s'en aller au diable ! » ou quelque autre discours dans le même sens. Henderson, le second, reprit la question, justement indigné, comme tout l'équipage d'ailleurs, d'un discours qui trahissait une telle cruauté, une telle absence de cœur. Il parla fort nettement, se sentant soutenu par les matelots, dit au capitaine qu'il le considérait comme un sujet digne du gibet, et que, pour lui, il désobéirait à ses ordres, quand même il devrait être pendu pour cela au moment où il toucherait terre. Il courut à l'arrière en bousculant Block (qui devint très pâle et ne répondit pas un mot), et, s'emparant de la barre, cria d'une voix ferme : « La barre toute sous le vent ! » Les hommes coururent à leurs postes, et le navire vira rondement. Tout cela avait pris à peu près cinq minutes, et il paraissait à peine possible maintenant de sauver l'individu qu'on croyait avoir vu à bord du canot. Cependant, comme le lecteur le sait, Auguste et moi nous avions été repêchés, et notre salut semblait être le résultat d'un de ces merveilleux bonheurs que les gens sages et pieux attribuent à l'intervention spéciale de la Providence.

Pendant que le navire était toujours en panne, le second fit amener le canot et sauta dedans, je crois, avec les deux hommes qui prétendaient m'avoir vu à la barre. Ils venaient justement de quitter le bord de dessous le vent (la lune était toujours très claire), quand le navire donna un fort et long coup de roulis du côté du vent, et Henderson, au même instant, se dressant sur son banc, cria à ses hommes de « nager à culer ». Il ne disait pas autre chose, criant toujours avec impatience : « Nagez à culer ! nagez à culer ! » Ils nageaient aussi vivement que possible ; mais pendant ce temps le navire avait tourné et commençait à aller de l'avant, bien que tous les bras à bord s'employassent à diminuer la toile. Malgré le danger de la tentative, le second se cramponna aux grands porte-haubans, aussitôt qu'ils furent à sa portée. Une nouvelle grosse embardée jeta alors le côté de tribord hors de l'eau presque jusqu'à la quille, et enfin la cause de son anxiété devint visible. Le corps d'un homme apparaissait, attaché de la manière la plus singulière au fond poli et brillant (*Le Pingouin* était doublé et chevillé en cuivre), et battait violemment contre le navire à chaque mouvement de la coque. Après quelques efforts inefficaces, renouvelés à chaque embardée du navire, au risque d'écraser le canot, je fus enfin dégagé de ma périlleuse situation et hissé à bord, car ce corps, c'était moi. Il paraît que l'une des chevilles de la charpente, qui était ressortie et s'était frayé une voie à travers le cuivre, m'avait arrêté pendant que je passais sous le navire, et m'avait ainsi de la manière la plus singulière attaché au fond. La tête de la cheville avait percé le collet de ma veste de gros drap et la partie postérieure de mon cou et s'était enfoncée entre deux tendons, juste sous l'oreille droite. On m'avait mis immédiatement au lit, bien que la vie parût tout à fait éteinte en moi. Il n'y avait pas de médecin à bord. Le capitaine néanmoins me traita avec toute sorte d'attentions, sans doute pour faire amende aux yeux de son équipage de son atroce conduite dans la première partie de l'aventure.

Cependant, Henderson s'était de nouveau éloigné du navire, bien que le vent alors tournât presque à l'ouragan. Au bout de quelques minutes, il tomba sur quelques débris de notre bateau, et peu après l'un de ses hommes lui affirma qu'il distinguait de temps en temps un cri à travers le mugissement de la tempête. Cela poussa les courageux matelots à persévérer dans leurs recherches plus d'une demi-heure, malgré les signaux répétés du capitaine Block qui leur enjoignait de revenir, et bien que chaque minute dans cette frêle embarcation fût pour eux un danger mortel et imminent. Il est vraiment difficile de concevoir comment leur petit canot a pu échapper à la destruction seulement une minute. Il était d'ailleurs construit pour le service de la pêche à la baleine et muni, comme j'ai pu le vérifier depuis lors, de cavités à air, à l'instar de quelques canots de sauvetage sur la côte du pays de Galles.

Après qu'ils eurent vainement cherché pendant tout le temps que j'ai dit, ils se déterminèrent à retourner à bord. Ils avaient à peine pris cette résolution, qu'un faible cri s'éleva d'un objet noir qui passait rapidement auprès d'eux. Ils se mirent à la poursuite de la chose et l'attrapèrent. C'était le pont de l'*Ariel* et sa cabine. Auguste se débattait auprès, comme dans sa suprême agonie. En s'emparant de lui, on vit qu'il était attaché par une corde à la charpente flottante. Cette corde, on se le rappelle, c'était moi qui la lui avais passée autour de la taille et l'avais fixée à un anneau, pour le maintenir dans une bonne position ; et, en faisant ainsi, j'avais finalement, à ce qu'il paraît, pourvu au moyen de lui sauver la vie. L'*Ariel* était légèrement construit, et toute sa charpente, en plongeant, s'était brisée ; le pont de la cabine, tout naturellement, fut soulevé par la force de l'eau qui s'y précipitait, se détacha complètement de la membrure et se mit à flotter, avec d'autres fragments sans doute, à la surface ; Auguste flottait avec, et avait ainsi échappé à une mort terrible.

Ce ne fut que plus d'une heure après avoir été déposé à bord du *Pingouin* qu'il put donner signe de vie et comprendre la nature de l'accident qui était survenu à notre bateau. À la longue, il se réveilla complètement et parla longuement de ses sensations quand il était dans l'eau. À peine avait-il repris un peu conscience de lui-même qu'il s'était trouvé au-dessous du niveau de l'eau, tournant, tournant avec une inconcevable rapidité, et se sentant une corde étroitement serrée et roulée deux ou trois fois autour du cou. Un instant après, il s'était senti remonter rapidement, quand, sa tête heurtant violemment contre une matière dure, lui était retombé dans son insensibilité. En revenant à lui de nouveau, il s'était senti plus maître de sa raison ; cependant elle était encore singulièrement confuse et obscurcie. Il comprit alors qu'il était arrivé quelque accident et qu'il était dans l'eau, bien que sa bouche fût au-dessus de la surface et qu'il pût respirer avec quelque liberté. Peut-être en ce moment la cabine filait rapidement devant le vent et l'entraînait ainsi, lui flottant et couché sur le dos. Aussi longtemps qu'il aurait pu garder cette position, il eût été presque impossible qu'il fût noyé. Un coup de lame le jeta alors tout à fait en travers du pont ; il s'efforça de garder cette position nouvelle, criant par intervalles : « Au Secours ! » Juste avant d'être enfin découvert par M. Henderson, il avait été obligé de lâcher prise par suite de son épuisement, et, retombant dans la mer, il s'était cru perdu. Pendant tout le temps qu'avait duré cette lutte, il ne lui était pas revenu le plus léger souvenir de l'*Ariel* ni d'aucune chose ayant rapport à l'origine de la catastrophe. Un vague sentiment de terreur et de désespoir avait pris possession de toutes ses facultés. Quand finalement il fut repêché, toute sa raison l'avait abandonné ; et, comme je l'ai déjà dit, ce ne fut guère qu'une heure après avoir été pris à bord du *Pingouin* qu'il eut pleinement conscience de sa situation. En ce qui me concerne, je fus tiré d'un état très voisin de la mort (et seulement après trois heures et demie, pendant lesquelles tous les moyens furent employés) par de vigoureuses frictions de flanelle trempée dans l'huile chaude, procédé qui fut suggéré par Auguste. La blessure de mon cou, quoique d'une assez affreuse apparence, n'avait pas une grande gravité, et j'en guéris bien vite.

Le Pingouin entra au port à neuf heures du matin, après avoir eu à lutter contre une des brises les plus carabinées qui aient jamais soufflé au large de Nantucket. Auguste et moi, nous nous arrangeâmes pour paraître chez M. Barnard à l'heure du déjeuner, qui, heureusement, se trouvait un peu retardé à cause de la soirée précédente. Je suppose que toutes les personnes présentes à table étaient trop fatiguées elles-mêmes pour remarquer notre physionomie harassée, car il n'eût pas fallu une bien grande attention pour s'en apercevoir. D'ailleurs les écoliers sont capables d'accomplir des miracles en fait de tromperie, et je ne crois pas qu'il soit venu à l'esprit d'un seul de nos amis de Nantucket que la terrible histoire que racontèrent en ville quelques marins – qu'ils avaient coulé un navire en mer et noyé trente ou quarante pauvres diables – pût avoir trait à l'*Ariel*, à mon camarade ou à moi. Lui et moi, nous avons depuis lors causé plus d'une fois de l'aventure, mais jamais sans un frisson. Dans une de nos conversations, Auguste me confessa franchement que de toute sa vie il n'avait jamais éprouvé une si atroce sensation d'effroi que quand, sur notre petit bateau, il avait tout d'un coup découvert toute l'étendue de son ivresse, et qu'il s'était senti écraser par elle.

MOBY DICK

HERMAN MELVILLE

1840. Fasciné par la mer et désireux de s'extraire de la société, Ismaël décide un beau matin de partir à l'aventure, plus précisément à la chasse à la baleine. Il embarquera bientôt sur le *Pequod*, un baleinier commandé par le tyrannique et torturé capitaine Achab. Très vite, le jeune homme comprendra que le bateau ne chasse pas seulement pour alimenter le marché de la baleine, et qu'Achab est rongé par le désir de se venger du grand cachalot qui lui a arraché la jambe dans un précédent affrontement...

Je bourrai deux ou trois chemises dans mon vieux sac de toile, le fourrai sous mon bras, et partis pour le cap Horn et le Pacifique. Ayant dit adieu à la bonne vieille ville de New York et à l'île de Manhattan, j'arrivai sans encombre à New Bedford. C'était en décembre, un samedi soir. Je fus très déçu d'apprendre que le petit paquebot qui faisait le service régulier à destination de Nantucket était déjà parti, et que je n'aurais plus aucun moyen de m'y rendre avant le lundi.

La plupart des jeunes candidats aux épreuves et aux peines de la pêche à la baleine séjournaient simplement à New Bedford avant de s'y faire enrôler, mais je n'avais, pour ma part, aucune intention de les imiter. Ma décision était prise de n'embarquer que sur un bâtiment partant de Nantucket, car il y avait, dans tout ce qui touchait à cette vieille île fameuse, un prestige aventureux qui me plaisait étonnamment. De plus, bien que New Bedford ait fini par accaparer peu à peu le trafic baleinier, laissant ainsi bien loin derrière lui la pauvre vieille Nantucket, celle-ci n'en avait pas moins été sa métropole primitive – la Tyr de cette Carthage – le premier lieu des États-Unis où s'échoua une baleine tuée. N'était-ce pas d'abord de Nantucket que ces baleiniers autochtones, les peaux-rouges, s'étaient élancés sur leurs pirogues pour chasser le Léviathan ? Et n'était-ce pas de Nantucket également qu'était partie cette aventureuse petite goélette, chargée de galets – à ce qu'en dit l'histoire – destinés à être jetés aux baleines, afin de mesurer si elles étaient assez proches pour être harponnées du haut du beaupré ?

Ayant devant moi, à New Bedford, une nuit, un jour et encore la nuit suivante avant de pouvoir me rendre à Nantucket, il fallut, en attendant, me soucier de trouver à manger et à coucher. C'était une soirée très peu engageante, voire même sombre et sinistre, d'un froid mordant et pénible. Je ne connaissais personne dans la ville. Avec inquiétude je sondai ma poche et n'en tirai que quelques pièces d'argent. « Donc, où que tu ailles, Ismaël, me dis-je à moi-même, arrêté seul au milieu d'une rue, mon sac sur l'épaule, et comparant l'obscurité côté nord aux ténèbres côté sud, où que dans ta sagesse tu décides de loger pour cette nuit, mon cher Ismaël, ne manque pas de t'informer des prix et ne sois pas trop difficile. »

D'un pas hésitant, j'arpentai les rues et passai devant l'enseigne des Harpons en croix, mais l'établissement me parut trop dispendieux et trop joyeux. Plus loin, des fenêtres vermeilles de l'auberge du Poisson-Épée, il s'échappait des rayons si ardents qu'ils semblaient avoir fondu la neige et la glace et déblayé le devant de la maison, car, partout ailleurs, la couche congelée avait dix pouces d'épaisseur. Sur ce pavé mis à nu, je me heurtai le pied et me fis mal car les semelles de mes bottes, soumises à trop d'épreuves, étaient en fort piteux état. « Trop cher et trop joyeux », pensai-je de nouveau, en m'arrêtant une minute pour contempler la clarté répandue dans la rue et écouter le bruit des verres entrechoqués à l'intérieur. « Mais va donc, Ismaël, repris-je enfin, n'entends-tu pas ? Retire-toi de devant cette porte ; tes bottes obstruent le passage ! » Je repartis donc. Je suivais maintenant d'instinct les rues qui montaient vers le port, car c'était sans doute là que se trouvaient les auberges les plus économiques, à défaut d'être les plus gaies.

Quelles rues désolées ! Des blocs de ténèbres en guise de maisons, de chaque côté, et çà et là une chandelle qui semblait errer dans un tombeau. À cette heure de la nuit du dernier jour de la semaine, ce quartier de la ville était quasi désert. Je rencontrai bientôt une clarté fumeuse sortant d'un bâtiment bas et large, dont la porte ouverte ressemblait à une invitation. Elle avait l'aspect négligé d'un lieu public ; d'ailleurs, en entrant, je commençai par trébucher contre des caisses de cendres placées sous le porche. Ha ! pensai-je, ha ! – tandis que des particules voltigeantes me faisaient tousser – seraient-ce les cendres provenant de la destruction de l'antique Gomorrhe ? Mais voyons, tout à l'heure j'ai vu les Harpons en croix et le Poisson-Épée ? Cette auberge-ci doit donc être à l'enseigne du Piège. Cependant je me relevai et, entendant à l'intérieur une voix qui parlait tout haut, avançai et ouvris une seconde porte.

Je crus voir le Grand Parlement noir siégeant dans le Tartare. Cent visages noirs se retournèrent sur les bancs pour me regarder ; et au fond, dans une chaire, un noir ange de la destruction frappa sur son livre. C'était une église nègre et le prédicateur avait pris pour texte de son sermon la noirceur des ténèbres et les pleurs et les grincements de dents. Je battis en retraite, murmurant : « Ha ! Ismaël, on a de bien fâcheux amusements à l'enseigne du Piège ! »

En continuant, j'arrivai enfin à une sorte d'obscure clarté non loin des quais et entendis en l'air un grincement mélancolique. Levant les yeux, je vis se balancer au-dessus de la porte une enseigne, où de la couleur blanche représentait vaguement un long jet vertical d'embrun vaporeux, avec ces mots par-dessous : « Auberge du Souffleur, tenue par Peter Coffin[2] ».

Cercueil ? Souffleur[3] ? Une association d'assez mauvais augure, pensai-je. Mais Coffin est un nom assez répandu à Nantucket, paraît-il, et je supposais que ce Peter-ci était un émigrant de là-bas. La lumière paraissait des plus pénuriques, l'établissement, pour l'heure, assez calme, et l'auberge elle-même, une petite maison de bois délabrée, semblait provenir des ruines de quelque quartier incendié, d'où on l'aurait transportée ici, et l'enseigne vacillante avait dans sa façon de grincer comme un air de misère. Je jugeai donc que c'était ici l'endroit tout indiqué pour trouver un logement à bon compte et un excellent ersatz de café fait de pois grillés.

* * *

---

2 *Coffin* signifie « cercueil » en anglais.
3 Terme anciennement employé pour désigner une espèce de baleine.

En entrant dans cette auberge du Souffleur, on se retrouvait dans un large vestibule au plafond bas et dont les boiseries anciennes faisaient songer aux pavois d'un vieux bâtiment réformé. D'un côté s'étalait un fort grand tableau à l'huile si parfaitement enfumé et si plein de dégradations diverses que, dans le faux jour sous lequel il se présentait, on avait besoin d'une étude approfondie et de visites méthodiques et réitérées pour arriver à comprendre un peu ce qu'il signifiait. C'était un amas si incohérent de couleurs et d'ombres que, tout d'abord, on se figurait volontiers qu'un jeune artiste présomptueux, contemporain des sorcières de la Nouvelle-Angleterre, avait tenté de figurer le pandémonium magique. Mais grâce à un examen attentif et à des méditations assidues, et plus encore en ouvrant la petite lucarne située au fond du vestibule, on en venait enfin à se dire qu'une pareille idée, si baroque fût-elle, n'était peut-être pas dénuée tout à fait de fondement.

Mais ce qui intriguait et troublait surtout le spectateur, c'était une formidable masse noire, allongée et flexueuse, qui planait au centre du tableau par-dessus trois vagues traits verticaux, flottant dans un inouï bouillonnement d'écume. Tableau de cauchemar liquide, en vérité suffisant pour donner le vertige à une personne nerveuse. Et, malgré tout, il y avait là-dedans une sorte de majesté confuse et inaccessible, à demi réalisée, dont l'aspect séduisait bel et bien, et en somme, l'on finissait par se jurer tacitement de découvrir la signification de cette merveilleuse peinture. Par instants, une idée vous traversait, brillante, mais, hélas, fallacieuse :

C'était la mer Noire, à minuit, par tempête ; c'était la lutte monstrueuse des quatre éléments primordiaux ; c'était un paysage de l'hiver hyperboréen ; c'était la débâcle des glaces sur le fleuve du Temps... L'une après l'autre, toutes ces imaginations achoppaient contre cette masse formidable au centre du tableau. Cette énigme résolue, tout le reste deviendrait pourtant clair... Mais, au fait, est-ce que cela ne ressemblait pas un peu à un poisson gigantesque, voire au grand Léviathan lui-même ?

En effet, telle paraissait bien la conception de l'artiste et je m'arrêtai finalement sur cette hypothèse, corroborée par les témoignages d'un vénérable pilote que j'interrogeai là-dessus. Le tableau représentait un long-courrier pris dans un violent ouragan : le navire en perdition, à demi sombré, ne laissait plus dépasser que ses trois mâts ; et une baleine en furie qui s'efforçait de bondir par-dessus était en train de s'empaler fantastiquement sur les trois pointes des mâts.

Le mur opposé du vestibule était revêtu de toute une panoplie barbare de massues et de lances énormes. Plusieurs, hérissées de dents étincelantes, avaient l'air de scies d'ivoire ; des touffes de cheveux humains décoraient les autres ; et l'une, en forme de faucille, offrait une large poignée recourbée, à l'instar de la circonférence décrite par la faux dans un gazon taillé de frais. On frissonnait à cette vue, et on se demandait quel sauvage, quel cannibale infâme était un jour parti à la moisson de mort avec cet effroyable instrument tranchant. Il y avait là aussi de vieilles lances de baleiniers, toutes rouillées, et des harpons brisés et faussés. Plusieurs étaient des armes historiques. Avec cette lance jadis droite et aujourd'hui tordue, Nathan Zwain tua quinze baleines en l'espace d'un jour, il y a cinquante ans. Et ce harpon, tout pareil aujourd'hui à un tire-bouchon, fut dardé dans les eaux de Java et entraîné dans sa fuite par une baleine tuée des années plus tard au large du Cap Blanc. Le fer primitif pénétra près de la queue et, telle une aiguille vagabonde restée dans le corps d'un homme, voyagea de quarante bons pieds jusqu'à la bosse, dans laquelle finalement on la trouvait incrustée.

En traversant ce vestibule obscur, et en continuant par un passage à voûte basse – ouvert dans ce qui avait dû jadis être une cheminée principale entourée de sièges pour se réchauffer – on débouchait dans la salle commune. C'était un lieu plus sombre encore, et qui avait par en haut des poutres si massives et par en bas un vieux plancher si vermoulu, que l'on se croyait presque arrivés dans le poste d'équipage d'un bâtiment vétuste par une nuit de tempête, alors qu'il dansait violemment sur ses ancres. D'un côté se trouvait une table longue et basse, une sorte d'étal supportant des vitrines aux carreaux fêlés qui contenaient des raretés poussiéreuses venues des coins les plus reculés de notre vaste terre. À l'opposé de la pièce, on apercevait une cage sinistre – le comptoir – qui figurait une tête de baleine franche. Il y avait là le grand os en ogive d'une mâchoire de baleine, si vaste qu'une diligence aurait presque pu passer dessous. À l'intérieur, sur des rayons crasseux disposés tout autour, s'alignaient de vieilles carafes, des bouteilles, des flacons ; et dans cette gueule engloutisseuse, à l'instar d'un nouveau Jonas (et c'est d'ailleurs ainsi qu'on le nommait), s'activait un petit vieillard ratatiné qui, vendait cher aux marins leur ivresse mortelle.

C'est dans des récipients frauduleux qu'il versait son poison. Sous l'apparence extérieure de cylindres corrects, ces traîtres gobelets en verre à bouteille épais se rétrécissaient par le bas en un fond trompeur. Des rainures grossièrement tracées dans le verre même encerclaient ces gobelets de voleurs de grands chemins. En faisant remplir jusqu'à telle marque, on ne payait que deux sous ; jusqu'à telle autre, c'était deux sous de plus, et ainsi de suite jusqu'au verre complet – la mesure du Cap Horn – qu'on pouvait s'envoyer pour un shilling.

En pénétrant dans ce lieu, je trouvai réunis autour d'une table une bande de jeunes matelots, qui dégustaient à la lueur d'une chandelle fumeuse divers échantillons de tord-boyaux. Je me mis en quête du patron, et quand je lui eus dit que je désirais une chambre, je reçus la réponse que tout était plein dans l'établissement : il ne lui restait plus un seul lit disponible.

— Mais attendez, ajouta-t-il, en se frappant le front, vous ne voyez pas d'inconvénient à partager la couche d'un harponneur, hein ? Comme je suppose que vous allez partir à la pêche à la baleine, vous feriez bien de vous habituer à ce genre d'exercice.

Je lui répondis que je n'aimais pas dormir à deux dans un

lit ; si toutefois cela devait m'arriver, j'aimerais connaître d'abord le harponneur, et si lui, patron, n'avait vraiment pas d'autres places à me donner, et si le harponneur n'était pas trop répugnant, alors plutôt que de continuer à errer dans une ville étrangère par une nuit aussi âpre, je m'accommoderais de la moitié du lit de tout individu convenable.

— Je le pensais bien. C'est parfait, prenez un siège. Souper ?... Vous voulez souper ? Cela va être prêt tout de suite.

Je m'assis sur un vieux canapé de bois, aussi garni d'inscriptions qu'un banc sur la promenade des remparts. À l'autre bout, un mathurin méditatif, à califourchon dessus, ajoutait à son ornementation, en jouant activement du couteau sur la partie située entre ses jambes. Sa gravure représentait un navire toutes voiles dehors, mais c'était loin d'être un chef-d'œuvre, à mon idée.

Finalement, on nous appela à quatre ou cinq pour aller manger dans la pièce voisine. Il y faisait un froid d'Islande, car il n'y avait pas le moindre feu, le patron ne pouvant, à son dire, se permettre un tel luxe. Rien que deux mélancoliques chandelles de suif, chacune sous son abat-jour. Nous fûmes trop heureux de boutonner jusqu'en haut nos pardessus et de porter à nos lèvres, de nos doigts mi-congelés, des tasses de thé brûlant. Mais le menu était des plus substantiels et comprenait, en sus de la viande et des pommes de terre, du pudding. Juste ciel ! Un souper au pudding ! Un jeune gars en habit vert pomme s'attaqua à ce pudding de la façon la plus féroce.

— Mon petit, lui dit le patron, tu vas te flanquer une indigestion, c'est net.

— Patron, chuchotai-je, ce n'est pas mon harponneur au moins ?

— Hé non, fit-il avec un air d'ironie diabolique, votre harponneur a le teint foncé. Il ne mange jamais de pudding, lui... il ne mange que de la viande et il l'aime saignante.

— Ça, je m'en moque, repris-je. Mais dites-moi où est ce harponneur. Est-il ici ?

— Il ne tardera plus.

J'avais beau faire, ce harponneur « au teint foncé » m'inspirait une méfiance croissante. En tout cas, j'étais bien résolu : si finalement nous devions coucher ensemble, je le forcerais à se déshabiller et à se mettre au lit le premier.

Le souper terminé, les convives regagnèrent la salle de débit, et, ne sachant où porter mes pas, je résolus d'y passer la fin de la soirée en spectateur.

Bientôt un bruit tumultueux s'éleva en dehors. Le patron se dressa en s'écriant :

— C'est l'équipage du *Grampus*. Le sémaphore l'a signalé au large ce matin, un voyage de trois ans et une pleine cargaison d'huile. Hourra, les gars, nous allons savoir les nouvelles des antipodes !

Un martèlement de lourdes bottes retentit dans le couloir ; la porte s'ouvrit d'un coup et livra passage à une bande de marins pleins de fougue. Revêtus de leurs vieilles vareuses de quart, avec leurs figures enfouies dans des cache-nez de laine, tout sales et dépenaillés, et leurs barbes hérissées de glaçons, l'on eût dit une invasion d'ours du Labrador.

Ils débarquaient à peine de leur canot et l'auberge était la première maison où ils pénétraient. Tout naturellement, ils foncèrent droit vers la gueule de la baleine – le comptoir – où le vieux Jonas ratatiné qui officiait leur versa bien vite pleine rasade à tous. Comme l'un d'eux se plaignait d'avoir pincé un mauvais rhume de cerveau, Jonas lui composa une potion d'un noir d'encre, faite de genièvre et de sirop de mélasse, jurant que c'était là un remède souverain contre toute espèce de rhume et catarrhe, quelle que fût leur ancienneté, et qu'on les eût pris au large de la côte de Labrador ou sous le vent d'une banquise.

L'alcool leur monta vite à la tête, comme il arrive généralement même aux plus intrépides biberons lorsqu'ils se retrouvent à terre après une longue navigation, et ils commencèrent à plaisanter et à mener grand tapage.

Cependant l'un d'eux se tenait plus ou moins sur la réserve et, tout en s'efforçant de ne pas gâter par une mine trop sérieuse le plaisir de ses camarades, il s'abstenait de faire autant de bruit que les autres. Cet homme attira d'emblée mon attention ; et comme les dieux de la mer avaient décrété qu'il deviendrait bientôt mon compagnon de bord, je me permets d'esquisser ici son portrait. Il avait six bons pieds de haut, de larges épaules et un torse comme un batardeau. J'ai rarement vu quelqu'un d'aussi musclé. Le hâle avait fortement foncé son visage, ce qui rendait plus blanches, par contraste, ses dents éblouissantes ;

mais dans son regard ténébreux flottaient des souvenirs qui ne paraissaient guère faits pour l'égayer. À son accent, je reconnus d'emblée un homme du Sud, et sa belle stature me le fit prendre pour un montagnard des Alleghenies, en Virginie. Quand la bruyante orgie de ses compagnons fut à son point culminant, cet homme profita de leur inattention pour s'éclipser et je ne le revis plus jusqu'au jour où il devint mon camarade de mer. Mais au bout de quelques minutes ses compagnons s'aperçurent de son départ et comme ils semblaient avoir pour lui beaucoup d'affection, ils s'exclamèrent à l'envie : « Bulkington ! Bulkington ! Où est Bulkington ? » et s'élancèrent dans la rue à sa poursuite.

Il était neuf heures, il régnait maintenant dans le débit un silence quasi surnaturel, et je commençai à croire réalisable un projet qui m'était venu à l'esprit juste avant l'entrée des matelots.

Personne ne souhaite dormir à deux dans un lit, fût-ce avec son propre frère. Je ne sais comment cela se fait, mais on aime être seul quand on dort. Et quand il s'agit de dormir avec un inconnu, dans une auberge inconnue d'une ville étrangère, et que cet inconnu est un harponneur, les objections se multiplient à l'infini. Même en qualité de marin, je n'avais pas plus de raison que n'importe qui de coucher à deux dans un lit ; car les marins en mer ne couchent pas plus à deux dans un lit que ne le font à terre les rois célibataires. À la vérité, ils dorment tous réunis dans la même chambrée, mais chacun a son hamac à soi, s'enveloppe de sa couverture personnelle, et dort dans sa propre peau.

Plus je songeais à ce harponneur, plus l'idée de dormir avec lui me répugnait. Il était bien probable que, vu sa profession, sa chemise ou son tricot, selon le cas, ne serait pas des plus frais, ni à coup sûr des plus fins. Toute ma chair s'en hérissait d'avance. En outre, il se faisait tard, et mon harponneur, cet homme si convenable, aurait déjà dû être rentré pour se coucher. Or, à supposer qu'il vînt me tomber dessus à minuit, qui pourrait me dire de quel bouge abject il sortirait ?

— Patron, j'ai changé d'avis au sujet du harponneur... Je ne dormirai pas avec lui, je me mettrai sur ce banc.

— Comme il vous plaira. Je regrette de ne pouvoir vous donner une nappe en guise de matelas, sans compter qu'il y a là une planche salement rugueuse. (Et il en tâtait les bosses et les creux.) Mais attendez un peu, Monsieur le tireur au flanc, j'ai ici dans le comptoir un rabot de menuisier... attendez, dit-il, et vous ne serez pas trop mal couché.

Ce disant, il tira son rabot et, après avoir d'abord épousseté le banc avec un vieux foulard de soie, il se mit à raboter mon lit avec ardeur, tout en grimaçant comme un singe. Les copeaux volaient de toutes parts ; mais à la fin la lame du rabot buta contre un nœud invincible. Le patron faillit se démantibuler le poignet, et je le conjurai au nom du ciel de ne pas insister : le lit était suffisamment doux pour moi, et je ne voyais pas du tout comment tout le rabotage du monde pouvait transformer une planche de sapin en édredon moelleux. Alors, avec une nouvelle grimace, mon homme recueillit les copeaux, les jeta dans le grand poêle au milieu de la pièce et partit pour ses affaires, me laissant à mes tristes pensées.

Je pris la mesure du banc et découvris qu'il était d'un pied trop court. On pouvait y remédier au moyen d'une chaise. Mais il était aussi d'un pied trop étroit, et l'autre banc de la salle était d'environ quatre pouces plus haut que celui raboté : il n'y avait donc pas possibilité de les juxtaposer. Avisant alors une place libre contre la muraille, je disposai le premier banc parallèlement à celle-ci, laissant entre les deux, un petit espace, afin d'y loger mon dos. Mais je m'aperçus vite qu'il m'arrivait par-dessous le châssis de la fenêtre un courant d'air glacé, qui rendait ce dispositif absolument intolérable, d'autant qu'un autre vent coulis provenant de la porte mal jointe s'associait à celui de la fenêtre pour former toute une série de petits tourbillons aériens dans le voisinage immédiat du lieu où j'avais escompté passer la nuit.

« Que le diable emporte ce harponneur ! me dis-je. Mais minute ! Ne pourrais-je prendre les devants sur lui, fermer sa porte de l'intérieur, et m'emparer de son lit, d'où les plus bruyants appels seraient incapables de me tirer ? »

L'idée ne me parut pas mauvaise ; mais à la réflexion, j'y renonçai. Car rien ne m'assurait que, le matin venu, en sortant de ma chambre, je ne trouverais pas le harponneur sur le seuil, tout prêt à me rouer de coups.

J'avais beau chercher, je ne trouvais aucun moyen pratique de passer une nuit supportable ailleurs que dans le lit d'autrui. À la longue, j'en vins à songer que je nourrissais peut-être des préventions mal fondées contre ce harponneur inconnu. « Je vais l'attendre encore, me dis-je, il ne peut plus tarder longtemps. Cela me permettra de faire sa connaissance, et il est bien possible que pour finir nous devenions d'excellents compagnons de lit... On ne peut jamais savoir ! »

Les autres pensionnaires continuaient à arriver, par un, par deux et par trois, et s'en allaient se mettre au lit, mais je ne voyais toujours pas la trace de mon harponneur. Comme minuit approchait, je m'écriai :

— Dites donc, patron, en voilà un type !... Est-ce qu'il rentre toujours aussi en retard ?

Le patron émit à nouveau son ricanement sec, parut s'égayer beaucoup de quelque chose que je ne pus deviner, et répondit :

— Non, d'habitude il est en avance... tôt couché. Mais ce soir, vous comprenez, il est sorti pour faire son colportage, et je ne vois pas du tout ce qui peut le retenir si tard, à moins que peut-être il n'ait pas réussi à vendre sa tête.

La moutarde me monta au nez :

— Vendre sa tête ?... Quelle histoire de brigands me racontez-vous là ? Voudriez-vous me faire croire, patron, que ce harponneur est réellement occupé, en cette sacro-sainte nuit de samedi, ou plutôt ce dimanche matin, à colporter sa tête par la ville ?

— C'est exactement cela, reprit le patron, et je l'ai prévenu qu'il ne réussirait pas à la vendre ici, car le marché est déjà encombré.

— Encombré de quoi ? m'écriai-je.

— De têtes, pardi ! Est-ce qu'il n'y a déjà pas trop de têtes de par le monde ?

— Je vous en avertis, patron, dis-je très calmement, vous feriez bien de ne pas continuer à me débiter ces sornettes... Je ne suis pas un bleu.

— Possible, reprit-il, en prenant une allumette pour se faire un cure-dents, mais j'ai idée que vous attraperez des marrons si ce harponneur vous entend vous ficher de sa tête.

— Je la lui casserai, dis-je, pris d'un nouvel accès de colère à cet absurde galimatias du patron.

— Elle l'est déjà cassée, fit-il.

— Cassée, fis-je... Vous avez dit cassée ?

— Beh oui, et c'est pour cela qu'il n'arrive pas à la vendre, je suppose.

— Patron, repris-je, m'avançant vers lui, froid comme le mont Hékla par une tempête de neige, assez de balivernes. Il faut que vous et moi nous nous comprenions, et sans plus attendre. Je viens chez vous et je vous demande un lit ; vous répondez que vous ne pouvez m'en donner que la moitié d'un ; que l'autre moitié appartient à un certain harponneur... Et au sujet de ce harponneur que je n'ai jamais vu, vous vous acharnez à me débiter les plus absurdes et incroyables histoires, tendant à faire naître en moi un sentiment de méfiance à l'égard de celui que vous me destinez comme compagnon de lit. Or, patron, c'est là le genre de compagnonnage qui implique le plus d'intimité et de confiance. Je vous prie donc de vous expliquer et de me dire qui est ce harponneur, et si je n'ai véritablement rien à craindre en passant la nuit avec lui. Et, en premier lieu, vous allez avoir l'obligeance de désavouer cette histoire concernant la vente de sa tête, car si elle est vraie, j'y verrai une bonne preuve que ce harponneur est fou à lier, et je n'ai aucune envie de dormir avec un fou ; et si vous, Monsieur, vous tentiez, en connaissance de cause, de m'induire à le faire, vous vous rendriez par là coupable d'un acte relevant des tribunaux.

— Ben, fit le patron, en poussant un profond soupir, voilà un bien long sermon pour une bien mince peccadille. Mais rassurez-vous, le harponneur en question vient d'arriver des mers du Sud où il a acheté un lot de têtes de Maoris momifiées (des curiosités recherchées, comme vous le savez) et il les a toutes vendues sauf une ; et c'est cette dernière qu'il a essayé de vendre ce soir parce que demain il est dimanche, et que ce ne serait pas le jour de brocanter des têtes humaines dans les rues alors que les gens s'en vont à l'église. Déjà dimanche dernier, il voulait le faire, et je l'ai arrêté juste au moment où il s'apprêtait à sortir avec quatre têtes alignées sur une ficelle comme un vrai rang d'oignons.

Cet exposé m'éclaircit enfin le mystère jusque-là impénétrable et me fit voir que le patron, somme toute, n'avait pas eu l'intention de se moquer de moi… Mais que devais-je penser d'un harponneur qui s'attardait dehors un samedi soir, et même un saint jour du Seigneur, pour se livrer à une occupation aussi païenne que de vendre des têtes d'idolâtres défunts ? Je conclus tout haut :

— Croyez-moi, patron, ce harponneur est un dangereux individu.

— Il me paye régulièrement, répliqua mon hôte. Mais dites donc, il se fait terriblement tard, vous feriez mieux d'aller vous couchez. Le lit est bon : c'est dans ce lit-là que Sal, mon épouse, et moi, nous avons couché la nuit de nos noces. Il y a toute la place désirable pour s'étendre à deux dans ce lit-là ; c'est un lit d'une grandeur formidable. Tenez, à ce propos, Sal avait pris l'habitude de coucher à nos pieds nos deux petits, Sam et Johny. Mais une nuit que je me débattais en rêve, il advint que je fis tomber Sam sur le carreau, où il faillit se casser un bras... Après quoi, Sal déclara que ce n'était plus possible. Allons, venez par ici, je vais vous donner tout de suite une bougie.

Et à ces mots, il alluma une chandelle et me la tendit en m'offrant de me montrer le chemin. Je demeurai indécis ; mais lui, consultant l'horloge disposée dans un coin, s'écria : – Voilà qu'il est dimanche ! vous ne verrez plus le harponneur cette nuit : il aura jeté l'ancre quelque part ailleurs. Allons, venez, venez donc, vous ne voulez pas venir ?

Je réfléchis un instant, et puis je montai l'escalier derrière lui. Il m'introduisit dans une petite chambre froide comme une glacière et meublée, il est vrai, d'un lit prodigieux, si grand que quatre harponneurs auraient presque pu y dormir de front.

— Là, dit le patron en déposant la chandelle sur un vieux coffre de marin tout disloqué qui jouait le double rôle de lavabo et de table du milieu ; là, maintenant, faites comme chez vous et dormez bien.

Je détournai les yeux du lit et cherchai mon hôte, mais il avait déjà disparu.

Relevant les couvertures, je me penchai sur le lit. Bien qu'il manquât un peu d'élégance, il supportait passablement l'examen. Je jetai ensuite un coup d'œil sur la chambre. À part le lit et la table du milieu, je ne vis entre ces quatre murs d'autre mobilier proprement dit qu'une armoire grossière et un écran de cheminée garni d'un chromo qui représentait un homme harponnant une baleine.

Tous les autres objets présents dans la chambre avaient vraisemblablement été amenés là par son occupant. Il y avait, jeté dans un coin sur le plancher, un hamac ficelé, à côté d'un grand sac de matelot, renfermant les effets du harponneur et lui tenant sans doute lieu, à terre, de valise. De plus, il y avait sur la tablette de la cheminée un paquet d'hameçons exotiques en os de poissons, et, debout au chevet du lit, un énorme harpon.

Mais un objet déposé sur le coffre m'intrigua. Je m'en saisis, l'approchai de la lumière, le tâtai, le flairai et cherchai par tous les moyens à me rendre compte de sa nature. Je ne puis mieux le comparer qu'à un vaste paillasson, orné sur les bords de petites pointes cliquetantes assez pareilles aux dards de porc-épic entourant un mocassin de peau-rouge. Ce paillasson avait au centre une ouverture comme on en voit sur les ponchos d'Amérique du Sud. Mais, était-il vraisemblable qu'un harponneur sain d'esprit pût revêtir un paillasson et arpenter dans cet appareil les rues d'une ville chrétienne ? Je mis sur moi l'objet pour l'essayer, et il me pesa comme une chape de plomb. Il était singulièrement rugueux et lourd, voire même un peu humide, comme si ce mystérieux harponneur l'avait porté un jour de pluie. Ainsi accoutré, j'allai me regarder dans un fragment de glace appliqué au mur. De ma vie, je n'avais jamais vu pareil spectacle. Je m'en dépêtrai si hâtivement que je me fis un bleu au cou.

Je m'assis au bord du lit pour méditer sur ce harponneur qui colportait des têtes, revêtu d'un paillasson. Après avoir passé quelque temps dans cette posture, je me levai et ôtai mon pardessus, puis m'attardai à songer au milieu de la chambre. J'enlevai alors ma vareuse et songeai encore un peu en manches de chemise. Mais je commençai à avoir très froid, dans ce léger costume et, me rappelant le dire du patron, que le harponneur ne rentrerait pas du tout cette nuit-là, je cessai d'hésiter, me dépouillai de mon pantalon et de mes bottes, me mis au lit et, soufflant la chandelle, me recommandai au soin de la Providence.

Ce matelas était-il rembourré d'épis de maïs ou de vieux tessons, je ne saurais le dire, mais le fait est que je restai longtemps avant de pouvoir m'endormir. À la fin, je glissai peu à peu au sommeil, et j'avais déjà fait pas mal de chemin vers le pays des songes, lorsque je perçus dans le corridor l'approche d'un pas pesant, et vis un rai de lumière filtrer dans la pièce par-dessous la porte.

« Que le Seigneur ait pitié de moi ! pensai-je, ce doit être le harponneur, cet infernal colporteur de têtes. » Je gardai une entière immobilité et résolus de ne pas dire un mot tant qu'on ne m'adresserait pas la parole. Tenant d'une main un quinquet et de l'autre cette fameuse tête de Maori, l'étranger pénétra dans la pièce. Sans regarder vers le lit, il déposa sa lampe sur le plancher dans le coin le plus éloigné, et se mit en devoir de débrouiller les nœuds de la corde entourant le gros sac dont j'ai signalé la présence dans la chambre. J'avais un désir extrême de voir son visage, mais il le garda détourné toute la durée du temps qu'il passa à déficeler l'embouchure du sac. Cela fait, il se retourna, et, grands dieux ! quel spectacle !... Quel visage ! Il était d'une teinte sombre, d'un rouge cuivré çà et là de grands carrés noirâtres... « Plus de doute, pensai-je, voilà mes craintes réalisées ; c'est un mauvais coucheur, il s'est battu, a reçu d'atroces balafres, et il arrive tout droit de chez le médecin. » Mais comme à ce moment-là il tournait le visage vers la lumière, je compris que les carrés livides ne pouvaient être aucunement du taffetas d'Angleterre. C'était des taches d'une nature quelconque. Je ne sus d'abord qu'en penser ; mais bientôt la vérité commença de m'apparaître. Je me rappelai l'aventure d'un Blanc, un baleinier lui aussi, qui, tombé aux mains des cannibales, avait été tatoué par eux. Je conclus que mon harponneur, au cours de ses lointains voyages, avait dû éprouver un sort analogue. « Et qu'importe, me dis-je, après tout. Ce n'est là que son extérieur : on peut être honnête sous n'importe quelle peau. » Mais, alors, comment expliquer son teint extravagant ou plutôt cette partie de son teint située autour des carrés de tatouage et complètement indépendante de ceux-ci ? Après tout, ce pouvait n'être rien de plus qu'un bel et beau revêtement de hâle tropical ; mais je n'avais jamais encore ouï-dire que l'ardeur du soleil pût hâler un Blanc au point de le rendre d'un rouge cuivré. Néanmoins, je n'étais pas allé dans les mers du Sud ; et peut-être le soleil y produisait-il sur la peau cet effet singulier.

Tandis que ces idées me traversaient comme l'éclair, le harponneur ne me remarquait toujours pas. Quand il fut venu à bout d'ouvrir son sac, il se mit à fouiller dedans, et il en tira bientôt une sorte de tomahawk et une sacoche en peau de phoque ayant le poil à l'extérieur. Après quoi, disposant ces objets sur le vieux coffre du milieu de sa chambre, il prit la tête du Maori – objet passablement macabre – et la fourra dans le sac. Mais quand il ôta son chapeau – un castor tout neuf – une nouvelle surprise faillit m'arracher un cri. Il n'avait pas de cheveux sur la tête – ou pour ainsi dire pas – rien qu'une petite tresse entortillée au-dessus du front. Son crâne chauve et rougeâtre ressemblait tout à fait à un crâne moisi. Si l'étranger ne s'était pas tenu entre moi et la porte, je me serais engouffré dehors plus vite que jamais je n'ai engouffré un repas.

Dans la circonstance, je songeai un instant à passer par

la fenêtre, mais nous étions au deuxième étage. Je ne suis pas poltron, mais la conduite à tenir vis-à-vis d'un scélérat cuivré colporteur de têtes dépassait tout à fait mes moyens. L'ignorance est mère de la peur. J'avoue que, totalement ahuri et stupéfié par la vue de cet étranger, j'avais alors aussi peur de lui que si le diable lui-même s'était introduit dans ma chambre au beau milieu de la nuit. J'avais même tellement peur que je ne parvins pas à interpeller notre homme sur-le-champ ni à exiger qu'il me fournît des éclaircissements sur ce qui me paraissait inexplicable en lui.

Cependant, il continuait à se déshabiller et pour finir, sa poitrine et ses bras m'apparurent. Aussi vrai que je les vis, ces parties cachées de son corps étaient couvertes des mêmes figures géométriques que son visage ; sur tout son dos également s'étalaient ces carrés sombres : il semblait avoir traversé une guerre de trente ans, et en être réchappé avec une vraie chemise de taffetas d'Angleterre. Bien plus, ses jambes mêmes en étaient marquées ; on eût dit des troncs de palmier où grimperait toute une portée de grenouilles vert sombre. Impossible d'en douter, j'avais devant moi quelque infâme sauvage embarqué sur un baleinier dans les mers du Sud et venu à terre dans ce pays civilisé. Cette pensée me fit frissonner. En outre, un colporteur de têtes… qui sait, même, les têtes de ses propres frères. N'allait-il pas avoir envie de la mienne ? – dieux, regardez ce tomahawk !

Mais, je n'avais guère le loisir de frissonner car les gestes du sauvage accaparaient toute mon attention et me persuadaient que j'avais affaire à un païen. Allant à son épais pardessus qu'il avait précédemment disposé sur une chaise, il fouilla dans les poches et en tira une petite statuette baroque de la couleur d'un bébé congolais âgé de trois jours. Tout d'abord, me souvenant du crâne momifié, je faillis croire que ce pantin noir était un enfant véritable, conservé par une méthode analogue. Mais le voyant absolument rigide et luisant comme de l'ébène polie, je conclus que ce n'était rien d'autre qu'une idole de bois. Je ne me trompai point. Bientôt le sauvage s'approcha de l'âtre vide, en retira la plaque et dressa cette figurine bossue, telle une quille, entre les chenets. Comme les jambages du foyer ainsi que les briques de l'intérieur étaient revêtus de suie, je jugeai que cette cheminée faisait pour son idole congolaise une petite chapelle bien appropriée.

Malgré mon sentiment de malaise, je surveillai d'un regard attentif la statuette à demi cachée pour voir ce qui allait se passer ensuite. Notre homme d'abord tira de sa poche de pardessus deux poignées de copeaux qu'il déposa délicatement devant l'idole ; puis, plaçant sur le tas un morceau de biscuit de mer, il en approcha la flamme de la chandelle et fit jaillir des copeaux un feu de sacrifice. Après diverses tentatives pour attraper le biscuit dans le feu avec sa main, qu'il retirait encore plus vite (car il se brûlait cruellement), il réussit enfin à le reprendre ; et soufflant un peu dessus pour le refroidir et enlever les cendres, il l'offrit poliment au petit négro. Mais le diablotin ne parut pas apprécier du tout ce genre de mets trop sec et refusa d'ouvrir les lèvres. Toutes ces étranges simagrées s'accompagnaient de sons gutturaux encore plus étranges émis par le fidèle qui semblait prier en faux-bourdon ou bien moduler quelque psalmodie païenne, tandis que son visage se contorsionnait de la façon la plus baroque. Finalement, il éteignit le feu, enleva l'idole sans plus de cérémonie et la fourra derechef dans sa poche de pardessus, avec aussi peu de soin que l'eût fait un chasseur jetant dans son carnier une bécasse abattue.

Toutes ces momeries bizarres accrurent mon malaise, et voyant alors à des signes non équivoques qu'il avait fini ses opérations et qu'il allait se mettre au lit avec moi, je jugeai qu'il était grand temps, avant l'extinction de la lumière, de rompre le charme qui m'avait si longtemps paralysé.

Mais je délibérai sur le discours à tenir, et ce retard me fut fatal. Reprenant sur la table son tomahawk, mon compagnon en examina un instant le gros bout, et puis le présentant à la flamme de la lampe, il appliqua ses lèvres au manche et souffla d'épais nuages de fumée de tabac. Un instant plus tard, ayant éteint la lumière, le farouche cannibale, son tomahawk entre les dents, sautait dans le lit à mon côté. Alors, n'y tenant plus, je poussai un cri et lui, lâchant un brusque grognement de stupeur, se mit à me tâter.

Balbutiant quelques mots indistincts, je me reculai loin de lui tout contre le mur, et puis le suppliai, quoi qu'il fût, de se tenir tranquille pour me permettre de me relever et de rallumer la lampe. Mais à ses réponses gutturales, je vis qu'il ne comprenait pas mes prières.

— Qui diable toi être ? dit-il enfin... Si toi pas parler, *sacrédié*, moi tuer toi.

Et ce disant, il fit tournoyer dans l'ombre au-dessus de ma tête le tomahawk brillant.

— Patron ! Pour l'amour de Dieu, à moi ! À moi ! Peter Coffin ! m'écriai-je. Patron ! à la garde ! Coffin ! au secours ! à l'assassin !

— Toi parler ! toi dire à moi qui toi être, ou *sacrédié,* moi tuer toi ! grogna derechef le cannibale, tandis que son tomahawk brandi crachait sur moi des étincelles de tabac enflammé, qui faillirent incendier ma chemise.

Mais, grâce au ciel, à ce moment le patron, un flambeau à la main, pénétra dans la chambre, et sautant en bas du lit, je courus à lui.

— N'ayez donc pas peur, me dit-il en ricanant de nouveau. Queequeg ici présent ne toucherait pas un cheveu de votre tête.

— Cessez de ricaner, m'écriai-je, et dites-moi plutôt pourquoi vous ne m'aviez pas prévenu que ce maudit harponneur était un cannibale.

— Je croyais que vous le saviez… puisque je vous avais dit qu'il colportait des têtes par la ville… Mais retournez au lit et dormez. Queequeg, écoute, toi comprendre moi, moi comprendre toi, cet homme dormir avec toi. Toi comprendre ?

— Moi comprendre très bien, grommela Queequeg.

Et se mettant sur son séant, il tira une bouffée de sa pipe

— Toi te mettre dedans, ajouta-t-il, en me faisant signe de son tomahawk et rejetant les draps de côté.

Il accomplit ce geste d'une manière non seulement

courtoise, mais en vérité noble et généreuse. Je m'attardai à le considérer une minute. Malgré tous ses tatouages, c'était là en somme un cannibale propre et d'aspect avenant.

« Pourquoi donc, ai-je fait tout ce raffut ? me demandai-je ? Cet homme est un être humain tout comme moi, il a autant de raison de me craindre que j'en ai d'avoir peur de lui. Mieux vaut dormir avec un cannibale de sang-froid qu'avec un chrétien ivre. »

— Patron, repris-je, dites-lui de rengainer son tomahawk, ou sa pipe, ou son je-ne-sais-quoi, bref, dites-lui de cesser de fumer, et je me coucherai avec lui. Mais je n'aime pas avoir un homme qui fume au lit avec moi. C'est dangereux et, de plus, je ne suis pas assuré.

Ma requête transmise à Queequeg, il obéit aussitôt, et m'invita poliment à me mettre au lit, se reculant d'un côté comme pour me dire : je ne te toucherai pas même du bout du pied.

— Bonne nuit, patron, dis-je, vous pouvez aller.

Je me couchai alors, et je ne dormis jamais mieux de ma vie.

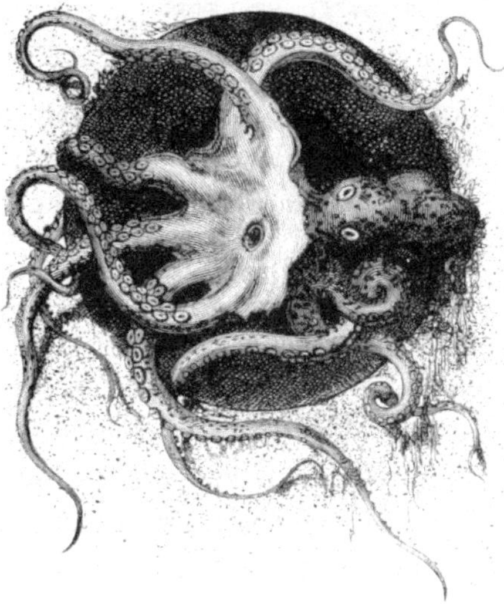

LES TRAVAILLEURS DE LA MER

VICTOR HUGO

Victime des manœuvres criminelles de son capitaine, *La Durande*, un bateau à moteur ultramoderne, s'échoue sur le dangereux écueil Douvres, au large de Guernesey. Fou de rage à l'idée que le moteur révolutionnaire du *steamer* soit perdu pour toujours, son propriétaire, Mess Lethierry, promet la main de sa nièce à celui qui réussira à l'extraire de l'épave restée encastrée entre deux rochers. Par amour, Gilliatt, un

pêcheur marginal et songeur, accepte le défi. Alors qu'il a réussi à accoster sur l'écueil, après maintes péripéties, il doit mener une lutte sans merci aux éléments déchaînés qui s'opposent brutalement à lui...

L'orage atteignait son paroxysme. La tempête n'avait été que terrible, elle devint horrible. La convulsion de la mer gagna le ciel. La nuée jusque-là avait été souveraine, elle semblait exécuter ce qu'elle voulait, elle donnait l'impulsion, elle versait la folie aux vagues, tout en gardant on ne sait quelle lucidité sinistre. En bas c'était de la démence, en haut c'était de la colère. Le ciel est le souffle, l'océan n'est que l'écume. De là l'autorité du vent. L'ouragan est génie. Cependant l'ivresse de sa propre horreur l'avait troublé. Il n'était plus que tourbillon. C'était l'aveuglement enfantant la nuit. Il y a dans les tourmentes un moment insensé ; c'est pour le ciel une espèce de montée au cerveau. L'abîme ne sait plus ce qu'il fait. Il foudroie à tâtons. Rien de plus affreux. C'est l'heure hideuse. La trépidation de l'écueil était à son comble. Tout orage a une mystérieuse orientation ; à cet instant-là, il la perd. C'est le mauvais endroit de la tempête. À cet instant-là, « le vent, disait Thomas Fuller, est un fou furieux ». C'est à cet instant-là que se fait dans les tempêtes cette dépense continue d'électricité que Piddington appelle « la cascade d'éclairs ». C'est à cet instant-là qu'au plus noir de la nuée apparaît, on ne sait pourquoi, pour espionner l'effarement universel, ce cercle de lueur bleue que les vieux marins espagnols nommaient l'œil de tempête, *el ojo de tempestad*. Cet œil lugubre était sur Gilliatt.

Gilliatt de son côté regardait la nuée. Maintenant il levait la tête. Après chaque coup de cognée, il se dressait, hautain. Il était, ou il semblait être, trop perdu pour que l'orgueil ne lui vînt pas. Désespérait-il ? Non. Devant le suprême accès de rage de l'océan, il était aussi prudent que hardi. Il ne mettait le pied dans l'épave que sur les points solides. Il se risquait et se préservait. Lui aussi était à son paroxysme. Sa vigueur avait décuplé. Il était éperdu d'intrépidité. Ses coups de cognée sonnaient comme des défis. Il paraissait avoir gagné en lucidité ce que la tempête avait perdu. Conflit pathétique. D'un côté l'intarissable, de l'autre l'infatigable. C'était à qui ferait lâcher prise à l'autre. Les nuées terribles modelaient dans l'immensité des masques de gorgones, tout le dégagement d'intimidation possible se produisait, la pluie venait des vagues, l'écume venait des nuages, les fantômes du vent se courbaient, des faces de météores s'empourpraient et s'éclipsaient, et l'obscurité était monstrueuse après ces évanouissements ; il n'y avait plus qu'un versement, arrivant de tous les côtés à la fois ; tout était ébullition ; l'ombre en masse débordait ; les cumulus chargés de grêle, déchiquetés, couleur cendre, paraissaient pris d'une espèce de frénésie giratoire, il y avait en l'air un bruit de pois secs secoués dans un crible, les électricités inverses observées par Volta faisaient de nuage à nuage leur jeu fulminant, les prolongements de la foudre étaient épouvantables, les éclairs s'approchaient tout près de Gilliatt. Il semblait étonner l'abîme. Il allait et venait sur *La Durande* branlante, faisant trembler le pont sous son pas, frappant, taillant, coupant, tranchant, la hache au poing, blême aux éclairs, échevelé, pieds nus, en haillons, la face couverte des crachats de la mer, grand dans ce cloaque de tonnerres.

Contre le délire des forces, l'adresse seule peut lutter. L'adresse était le triomphe de Gilliatt. Il voulait une chute ensemble de tout le débris disloqué. Pour cela il affaiblissait les fractures charnières sans les rompre tout à fait, laissant quelques fibres qui soutenaient le reste. Subitement il s'arrêta, tenant la cognée haute. L'opération était à point. Le morceau entier se détacha.

Cette moitié de la carcasse de l'épave coula entre les deux Douvres, au-dessous de Gilliatt debout sur l'autre moitié, penché et regardant. Elle plongea perpendiculairement dans l'eau, éclaboussa les rochers, et s'arrêta dans l'étranglement avant de toucher le fond. Il en resta assez hors de l'eau pour dominer le flot de plus de douze pieds ; le tablier vertical faisait muraille entre les deux Douvres ; comme la roche jetée en travers un peu plus haut dans le détroit, il laissait à peine filtrer un glissement d'écume à ses deux extrémités ; et ce fut la cinquième barricade improvisée par Gilliatt contre la tempête dans cette rue de la mer.

L'ouragan, aveugle, avait travaillé à cette barricade dernière.

Il était heureux que le resserrement des parois eût empêché

ce barrage d'aller jusqu'au fond. Cela lui laissait plus de hauteur ; en outre l'eau pouvait passer sous l'obstacle, ce qui soutirait de la force aux lames. Ce qui passe par-dessous ne saute point par-dessus. C'est là, en partie, le secret du brise-lames flottant.

Désormais, quoi que fît la nuée, rien n'était à craindre pour la panse et la machine. L'eau ne pouvait plus bouger autour d'elles. Entre la clôture des Douvres qui les couvrait à l'ouest et le nouveau barrage qui les protégeait à l'est, aucun coup de mer ni de vent ne pouvait les atteindre.

Gilliatt de la catastrophe avait tiré le salut. La nuée, en somme, l'avait aidé.

Cette chose faite, il prit d'une flaque de pluie un peu d'eau dans le creux de sa main, but, et dit à la nuée : cruche !

C'est une joie ironique pour l'intelligence combattante de constater la vaste stupidité des forces furieuses aboutissant à des services rendus, et Gilliatt sentait cet immémorial besoin d'insulter son ennemi, qui remonte aux héros d'Homère.

Gilliatt descendit dans la panse et profita des éclairs pour l'examiner. Il était temps que le secours arrivât à la pauvre barque, elle avait été fort secouée dans l'heure précédente et elle commençait à s'arquer. Gilliatt, dans ce coup d'œil sommaire, ne constata aucune avarie. Pourtant il était certain qu'elle avait enduré des chocs violents. Une fois l'eau calmée, la coque s'était redressée d'elle-même ; les ancres s'étaient bien comportées ; quant à la machine, ses quatre chaînes l'avaient admirablement maintenue.

Comme Gilliatt achevait cette revue, une blancheur passa près de lui et s'enfonça dans l'ombre. C'était une mouette.

Pas d'apparition meilleure dans les tourmentes. Quand les oiseaux arrivent, c'est que l'orage se retire.

Autre signe excellent, le tonnerre redoublait.

Les suprêmes violences de la tempête la désorganisent. Tous les marins le savent, la dernière épreuve est rude, mais courte. L'excès de foudre annonce la fin.

La pluie s'arrêta subitement. Puis il n'y eut plus qu'un roulement bourru dans la nuée. L'orage cessa comme une planche qui tombe à terre. Il se cassa, pour ainsi dire. L'immense machine des nuages se défit. Une lézarde de ciel clair disjoignit les ténèbres. Gilliatt fut stupéfait, il était grand jour.

La tempête avait duré près de vingt heures.

Le vent qui avait apporté, remporta. Un écroulement d'obscurité diffuse encombra l'horizon. Les brumes rompues et fuyantes se massèrent pêle-mêle en tumulte, il y eut d'un bout à l'autre de la ligne des nuages un mouvement de retraite, on entendit une longue rumeur décroissante, quelques dernières gouttes de pluie tombèrent, et toute cette ombre pleine de tonnerres s'en alla comme une cohue de chars terribles.

Brusquement le ciel fut bleu.

Gilliatt s'aperçut qu'il était las. Le sommeil s'abat sur la fatigue comme un oiseau de proie. Gilliatt se laissa fléchir et tomber dans la barque sans choisir la place, et s'endormit.

Il resta ainsi quelques heures inerte et allongé, peu distinct des poutres et des solives parmi lesquelles il gisait.

* * *

Quand il s'éveilla, il eut faim.

La mer s'apaisait. Mais il restait assez d'agitation au large pour que le départ immédiat fût impossible. La journée d'ailleurs était trop avancée. Avec le chargement que portait la panse, pour arriver à Guernesey avant minuit, il fallait partir le matin.

Quoique la faim le pressât, Gilliatt commença par se mettre nu, seul moyen de se réchauffer.

Ses vêtements étaient trempés par l'orage, mais l'eau de pluie avait lavé l'eau de mer, ce qui fait que maintenant ils pouvaient sécher.

Gilliatt ne garda que son pantalon, qu'il releva jusqu'aux jarrets.

Il étendit çà et là et fixa avec des galets sur les saillies de rocher autour de lui sa chemise, sa vareuse, son suroît, ses jambières et sa peau de mouton.

Puis il pensa à manger.

Gilliatt eut recours à son couteau qu'il avait grand soin d'aiguiser et de tenir toujours en état, et il détacha du granit quelques poux de roque, de la même espèce à peu près que les clovisses de la Méditerranée. On sait que cela se mange cru. Mais, après tant de labeurs si divers et si rudes, la pitance était maigre. Il n'avait plus de biscuit. Quant à l'eau, elle ne lui manquait plus. Il était mieux que désaltéré, il était inondé.

Il profita de ce que la mer baissait pour rôder dans les rochers à la recherche des langoustes. Il y avait assez de découverte pour espérer une bonne chasse.

Seulement il ne réfléchissait pas qu'il ne pouvait plus rien faire cuire. S'il eût pris le temps d'aller jusqu'à son magasin, il l'eût trouvé effondré sous la pluie. Son bois et son charbon étaient noyés, et de sa provision d'étoupe, qui lui tenait lieu d'amadou, il n'y avait pas un brin qui ne fût mouillé. Nul moyen d'allumer du feu. Du reste la soufflante était désorganisée ; l'auvent du foyer de la forge était descellé ; l'orage avait fait le sac du laboratoire. Avec ce qui restait d'outils échappés à l'avarie, Gilliatt, à la rigueur, pouvait encore travailler comme charpentier, non comme forgeron. Mais Gilliatt, pour l'instant, ne songeait pas à son atelier.

Tiré d'un autre côté par l'estomac, il s'était mis, sans plus de réflexion, à la poursuite de son repas. Il errait, non dans la gorge de l'écueil, mais en dehors, sur le revers des brisants. C'était de ce côté-là que *La Durande,* dix semaines auparavant, était venue se heurter aux récifs.

Pour la chasse que faisait Gilliatt, l'extérieur du défilé valait mieux que l'intérieur. Les crabes, à mer basse, ont l'habitude de prendre l'air. Ils se chauffent volontiers au soleil. Ces êtres difformes aiment midi. C'est une chose bizarre que leur sortie de l'eau en pleine lumière. Leur fourmillement indigne presque. Quand on les voit, avec leur gauche allure oblique, monter lourdement, de pli en pli, les étages inférieurs des rochers comme les marches d'un escalier, on est forcé de s'avouer que l'océan a de la vermine.

Depuis deux mois Gilliatt vivait de cette vermine.

Ce jour-là pourtant les poings-clos et les langoustes se dérobaient. La tempête avait refoulé ces solitaires dans leurs cachettes et ils n'étaient pas encore rassurés. Gilliatt tenait à la main son couteau ouvert, et arrachait de temps en temps un coquillage sous le varech. Il mangeait, tout en marchant. Il ne devait pas être loin de l'endroit où sieur Clubin s'était perdu.

Comme Gilliatt prenait le parti de se résigner aux oursins et aux châtaignes de mer, un clapotement se fit à ses pieds. Un gros crabe, effrayé de son approche, venait de sauter à l'eau. Le crabe ne s'enfonça point assez pour que Gilliatt le perdît de vue.

Gilliatt se mit à courir après le crabe sur le soubassement de l'écueil. Le crabe fuyait.

Subitement il n'y eut plus rien.

Le crabe venait de se fourrer dans quelque crevasse sous le rocher.

Gilliatt se cramponna du poing à des reliefs de roche et avança la tête pour voir sous les surplombs.

Il y avait là, en effet, une anfractuosité. Le crabe avait dû s'y réfugier.

C'était mieux qu'une crevasse. C'était une espèce de porche.

La mer entrait sous ce porche, mais n'y était pas profonde. On voyait le fond couvert de galets. Ces galets étaient glauques et revêtus de conferves, ce qui indiquait qu'ils n'étaient jamais à sec. Ils ressemblaient à des dessus de têtes d'enfants avec des cheveux verts.

Gilliatt prit son couteau dans ses dents, descendit des pieds et des mains du haut de l'escarpement et sauta dans cette eau. Il en eut presque jusqu'aux épaules.

Il s'engagea sous ce porche. Il se trouvait dans un couloir fruste avec une ébauche de voûte ogive sur sa tête. Les parois étaient polies et lisses. Il ne voyait plus le crabe. Il avait pied. Il avançait dans une décroissance de jour. Il commençait à ne plus rien distinguer.

Après une quinzaine de pas, la voûte cessa au-dessus de lui. Il était hors du couloir. Il y avait plus d'espace, et par conséquent plus de jour ; ses pupilles d'ailleurs s'étaient dilatées ; il voyait assez clair. Il eut une surprise.

Il venait de rentrer dans cette cave étrange visitée par lui le mois d'auparavant.

Seulement il y était rentré par la mer.

Cette arche qu'il avait vue noyée, c'est par là qu'il venait de passer. À de certaines marées basses, elle était praticable.

Ses yeux s'accoutumaient. Il voyait de mieux en mieux. Il était stupéfait. Il retrouvait cet extraordinaire palais de l'ombre, cette voûte, ces piliers, ces sangs ou ces pourpres, cette végétation à pierreries, et, au fond, cette crypte, presque sanctuaire, et cette pierre, presque autel.

Il se rendait peu compte de ces détails, mais il avait dans l'esprit l'ensemble, et il le revoyait.

Il revoyait en face de lui, à une certaine hauteur dans l'escarpement, la crevasse par laquelle il avait pénétré la première fois, et qui, du point où il était maintenant, semblait inaccessible.

Il revoyait près de l'arche ogive ces grottes basses et obscures, sortes de caveaux dans la cave, qu'il avait déjà observées de loin. À présent, il en était près. La plus voisine de lui était à sec et aisément abordable.

Plus près encore que cet enfoncement, il remarqua, au-dessus du niveau de l'eau, à portée de sa main, une fissure horizontale dans le granit. Le crabe était probablement là. Il y plongea le poing le plus avant qu'il put, et se mit à tâtonner dans ce trou de ténèbres.

Tout à coup il se sentit saisir le bras.

Ce qu'il éprouva en ce moment, c'est l'horreur indescriptible.

Quelque chose qui était mince, âpre, plat, glacé, gluant et vivant venait de se tordre dans l'ombre autour de son bras nu. Cela lui montait vers la poitrine. C'était la pression d'une courroie et la poussée d'une vrille. En moins d'une seconde, on ne sait quelle spirale lui avait envahi le poignet et le coude et touchait l'épaule. La pointe fouillait sous son aisselle.

Gilliatt se rejeta en arrière, mais put à peine remuer. Il était comme cloué. De sa main gauche restée libre il prit son couteau qu'il avait entre les dents, et de cette main, tenant le couteau, s'arc-bouta au rocher, avec un effort désespéré pour retirer son bras. Il ne réussit qu'à inquiéter un peu la ligature, qui se resserra. Elle était souple comme le cuir, solide comme l'acier, froide comme la nuit.

Une deuxième lanière, étroite et aiguë, sortit de la crevasse du roc. C'était comme une langue hors d'une gueule. Elle lécha épouvantablement le torse nu de Gilliatt, et tout à coup s'allongeant, démesurée et fine, elle s'appliqua sur sa peau et lui entoura tout le corps.

En même temps une souffrance inouïe, comparable à rien, soulevait les muscles crispés de Gilliatt. Il sentait dans sa peau des enfoncements ronds, horribles. Il lui semblait que d'innombrables lèvres, collées à sa chair, cherchaient à lui boire le sang.

Une troisième lanière ondoya hors du rocher, tâta Gilliatt, et lui fouetta les côtes comme une corde. Elle s'y fixa.

L'angoisse, à son paroxysme, est muette. Gilliatt ne jetait pas un cri. Il y avait assez de jour pour qu'il pût voir les repoussantes formes appliquées sur lui. Une quatrième ligature, celle-ci rapide comme une flèche, lui sauta autour du ventre et s'y enroula.

Impossible de couper ni d'arracher ces courroies visqueuses qui adhéraient étroitement au corps de Gilliatt et par quantité de points. Chacun de ces points était un foyer d'affreuse et bizarre douleur. C'était ce qu'on éprouverait si l'on se sentait avalé à la fois par une foule de bouches trop petites.

Un cinquième allongement jaillit du trou. Il se superposa aux autres et vint se replier sur le diaphragme de Gilliatt. La compression s'ajoutait à l'anxiété ; Gilliatt pouvait à peine respirer.

Ces lanières, pointues à leur extrémité, allaient s'élargissant comme des lames d'épée vers la poignée. Toutes les cinq appartenaient évidemment au même centre. Elles marchaient et rampaient sur Gilliatt. Il sentait se déplacer ces pressions obscures qui lui semblaient être des bouches.

Brusquement une large viscosité ronde et plate sortit de dessous la crevasse. C'était le centre ; les cinq lanières s'y rattachaient comme des rayons à un moyeu ; on distinguait au côté opposé de ce disque immonde le commencement de trois autres tentacules, restés sous l'enfoncement du rocher.

Au milieu de cette viscosité il y avait deux yeux qui regardaient.

Ces yeux voyaient Gilliatt.

Gilliatt reconnut la pieuvre.

* * *

Pour croire à la pieuvre, il faut l'avoir vue.

Comparées à la pieuvre, les vieilles hydres font sourire.

À de certains moments, on serait tenté de le penser, l'insaisissable qui flotte en nos songes rencontre dans le possible des aimants auxquels ses linéaments se prennent, et de ces obscures fixations du rêve il sort des êtres. L'Inconnu dispose du prodige, et il s'en sert pour composer le monstre. Orphée, Homère et Hésiode n'ont pu faire que la Chimère ; Dieu a fait la Pieuvre.

Quand Dieu veut, il excelle dans l'exécrable. [...]

* * *

Tel était l'être auquel, depuis quelques instants, Gilliatt appartenait.

Ce monstre était l'habitant de cette grotte. Il était l'effrayant génie du lieu. Sorte de sombre démon de l'eau.

Toutes ces magnificences avaient pour centre l'horreur.

Le mois d'auparavant, le jour où pour la première fois Gilliatt avait pénétré dans la grotte, la noirceur ayant un contour, entrevue par lui dans les plissements de l'eau secrète, c'était cette pieuvre.

Elle était là chez elle.

Quand Gilliatt, entrant pour la seconde fois dans cette cave à la poursuite du crabe, avait aperçu la crevasse où il avait pensé que le crabe se réfugiait, la pieuvre était dans ce trou, au guet.

Se figure-t-on cette attente ?

Pas un oiseau n'oserait couver, pas un œuf n'oserait éclore, pas une fleur n'oserait s'ouvrir, pas un sein n'oserait allaiter, pas un cœur n'oserait aimer, pas un esprit n'oserait s'envoler, si l'on songeait aux sinistres patiences embusquées dans l'abîme.

Gilliatt avait enfoncé son bras dans le trou ; la pieuvre l'avait happé.

Elle le tenait.

Il était la mouche de cette araignée.

Gilliatt était dans l'eau jusqu'à la ceinture, les pieds

crispés sur la rondeur des galets glissants, le bras droit étreint et assujetti par les enroulements plats des courroies de la pieuvre, et le torse disparaissant presque sous les replis et les croisements de ce bandage horrible.

Des huit bras de la pieuvre, trois adhéraient à la roche, cinq adhéraient à Gilliatt. De cette façon, cramponnée d'un côté au granit, de l'autre à l'homme, elle enchaînait Gilliatt au rocher. Gilliatt avait sur lui deux cent cinquante suçoirs. Complication d'angoisse et de dégoût. Être serré dans un poing démesuré dont les doigts élastiques, longs de près d'un mètre, sont intérieurement pleins de pustules vivantes qui vous fouillent la chair.

Nous l'avons dit, on ne s'arrache pas à la pieuvre. Si on l'essaye, on est plus sûrement lié. Elle ne fait que se resserrer davantage. Son effort croît en raison du vôtre. Plus de secousse produit plus de constriction.

Gilliatt n'avait qu'une ressource, son couteau.

Il n'avait de libre que la main gauche ; mais on sait qu'il en usait puissamment. On aurait pu dire de lui qu'il avait deux mains droites.

Son couteau, ouvert, était dans cette main.

On ne coupe pas les antennes de la pieuvre ; c'est un cuir impossible à trancher, il glisse sous la lame ; d'ailleurs la superposition est telle qu'une entaille à ces lanières entamerait votre chair.

Le poulpe est formidable ; pourtant il y a une manière de s'en servir. Les pêcheurs de Serk la connaissent ; qui les a vus exécuter en mer de certains mouvements brusques, le sait. Les marsouins la connaissent aussi ; ils ont une façon de mordre la sèche qui lui coupe la tête. De là tous ces calmars, toutes ces sèches et tous ces poulpes sans tête qu'on rencontre au large.

Le poulpe, en effet, n'est vulnérable qu'à la tête.

Gilliatt ne l'ignorait point.

Il n'avait jamais vu de pieuvre de cette dimension. Du premier coup, il se trouvait pris par la grande espèce. Un autre se fut troublé.

Pour la pieuvre comme pour le taureau il y a un moment qu'il faut choisir ; c'est l'instant où le taureau baisse le cou, c'est l'instant où la pieuvre avance la tête ; instant rapide. Qui manque ce joint est perdu.

Tout ce que nous venons de dire n'avait duré que quelques minutes. Gilliatt pourtant sentait croître la succion des deux cent cinquante ventouses.

La pieuvre est traître. Elle tâche de stupéfier d'abord sa proie. Elle saisit, puis attend le plus qu'elle peut.

Gilliatt tenait son couteau. Les succions augmentaient.

Il regardait la pieuvre, qui le regardait.

Tout à coup la bête détacha du rocher sa sixième antenne, et, la lançant sur Gilliatt, tâcha de lui saisir le bras gauche.

En même temps elle avança vivement la tête. Une seconde de plus, sa bouche-anus s'appliquait sur la poitrine de Gilliatt. Gilliatt, saigné au flanc, et les deux bras garrottés, était mort.

Mais Gilliatt veillait. Guetté, il guettait.

Il évita l'antenne, et au moment où la bête allait mordre sa poitrine, son poing armé s'abattit sur la bête.

Il y eut deux convulsions en sens inverse, celle de la pieuvre et celle de Gilliatt.

Ce fut comme la lutte de deux éclairs.

Gilliatt plongea la pointe de son couteau dans la viscosité plate, et, d'un mouvement giratoire pareil à la torsion d'un coup de fouet, faisant un cercle autour des deux yeux, il arracha la tête comme on arrache une dent.

Ce fut fini.

Toute la bête tomba.

Cela ressembla à un linge qui se détache. La pompe aspirante détruite, le vide se défit. Les quatre cents ventouses lâchèrent à la fois le rocher et l'homme. Ce haillon coula au fond de l'eau.

Gilliatt, haletant du combat, put apercevoir à ses pieds sur les galets deux tas gélatineux informes, la tête d'un côté, le reste de l'autre. Nous disons le reste, car on ne pourrait dire le corps.

Gilliatt toutefois, craignant quelque reprise convulsive de l'agonie, recula hors de la portée des tentacules

Mais la bête était bien morte.

VINGT MILLE LIEUES SOUS LES MERS

JULES VERNE

1866. La terreur règne sur les océans du monde entier alors que sévit un effrayant monstre marin dont les attaques ont déjà provoqué plusieurs naufrages. Très vite, une expédition s'organise à bord de la frégate américaine du capitaine Faragutt, l'*Abraham-Lincoln*, afin d'éliminer le mystérieux animal dont la menace effraie les navigateurs. Ned Land, un harponneur canadien ainsi que Pierre Aronnax, un scientifique français toujours accompagné de son fidèle domestique, Conseil, font partie de l'équipage. Après plusieurs mois de navigation à la poursuite du mystérieux animal et alors que la lassitude commence à gagner les membres de l'expédition, lorsque le monstre se montre enfin...

À deux encablures de l'*Abraham-Lincoln* et de sa hanche de tribord, la mer semblait être illuminée par dessus. Ce n'était point un simple phénomène de phosphorescence, et l'on ne pouvait s'y tromper. Le monstre, immergé à quelques toises de la surface des eaux, projetait cet éclat très intense, mais inexplicable, que mentionnaient les rapports de plusieurs capitaines. Cette magnifique irradiation devait être produite par un agent d'une grande puissance éclairante. La partie lumineuse décrivait sur la mer un immense ovale très allongé, au centre duquel se condensait un foyer ardent dont l'insoutenable éclat s'éteignait par dégradations successives.

— Ce n'est qu'une agglomération de molécules phosphorescentes, s'écria l'un des officiers.

— Non, Monsieur, répliquai-je avec conviction. Jamais les pholades ou les salpes ne produisent une si puissante lumière. Cet éclat est de nature essentiellement électrique... D'ailleurs, voyez, voyez ! il se déplace ! il se meut en avant, en arrière ! il s'élance sur nous !

Un cri général s'éleva de la frégate.

— Silence ! dit le commandant Farragut. La barre au vent, toute ! Machine en arrière !

Les matelots se précipitèrent à la barre, les ingénieurs à leur machine. La vapeur fut immédiatement renversée et l'*Abraham-Lincoln*, abattant sur bâbord, décrivit un demi-cercle.

— La barre droite ! Machine en avant ! cria le commandant Farragut.

Ces ordres furent exécutés, et la frégate s'éloigna rapidement du foyer lumineux.

Je me trompe. Elle voulut s'éloigner, mais le surnaturel animal se rapprocha avec une vitesse double de la sienne.

Nous étions haletants. La stupéfaction, bien plus que la crainte nous tenait muets et immobiles. L'animal nous gagnait en se jouant. Il fit le tour de la frégate qui filait alors quatorze nœuds. et l'enveloppa de ses nappes électriques comme d'une poussière lumineuse. Puis il s'éloigna de deux ou trois milles, laissant une traînée phosphorescente comparable aux tourbillons de vapeur que jette en arrière la locomotive d'un express. Tout d'un coup, des obscures limites de l'horizon, où il alla prendre son élan, le monstre fonça subitement vers l'*Abraham-Lincoln* avec une effrayante rapidité, s'arrêta brusquement à vingt pieds de ses préceintes, s'éteignit non pas en s'abîmant sous les eaux, puisque son éclat ne subit aucune dégradation mais soudainement et comme si la source de ce brillant effluve se fût subitement tarie ! Puis, il reparut de l'autre côté du navire, soit qu'il l'eût tourné, soit qu'il eût glissé sous sa coque. À chaque instant une collision pouvait se produire, qui nous eût été fatale.

Cependant, je m'étonnais des manœuvres de la frégate. Elle fuyait et n'attaquait pas. Elle était poursuivie, elle qui devait poursuivre, et j'en fis l'observation au commandant Farragut. Sa figure, d'ordinaire si impassible, était empreinte d'un indéfinissable étonnement.

— Monsieur Aronnax, me répondit-il, je ne sais à quel être formidable j'ai affaire, et je ne veux pas risquer imprudemment ma frégate au milieu de cette obscurité. D'ailleurs, comment attaquer l'inconnu, comment s'en défendre ? Attendons le jour et les rôles changeront.

— Vous n'avez plus de doute, commandant, sur la nature de l'animal ?

— Non, Monsieur, c'est évidemment un narval gigantesque, mais aussi un narval électrique.

— Peut-être, ajoutai-je, ne peut-on pas plus l'approcher qu'un gymnote ou une torpille !

— En effet, répondit le commandant, et s'il possède en lui une puissance foudroyante, c'est à coup sûr le plus terrible animal qui soit jamais sorti de la main du Créateur. C'est pourquoi, Monsieur, je me tiendrai sur mes gardes.

Tout l'équipage resta sur pied pendant la nuit. Personne ne songea à dormir. L'*Abraham-Lincoln*, ne pouvant lutter de vitesse, avait modéré sa marche et se tenait sous petite vapeur. De son côté, le narval, imitant la frégate, se laissait bercer au gré des lames, et semblait décidé à ne point abandonner le théâtre de la lutte.

Vers minuit, cependant, il disparut, ou, pour employer

une expression plus juste, il « s'éteignit » comme un gros ver luisant. Avait-il fui ? Il fallait le craindre, non pas l'espérer. Mais à une heure moins sept minutes du matin, un sifflement assourdissant se fit entendre, semblable à celui que produit une colonne d'eau, chassée avec une extrême violence.

Le commandant Farragut, Ned Land et moi, nous étions alors sur la dunette, jetant d'avides regards à travers les profondes ténèbres.

— Ned Land, demanda le commandant, vous avez souvent entendu rugir des baleines ?

— Souvent, Monsieur, mais jamais de pareilles baleines dont la vue m'ait rapporté deux mille dollars.

— En effet, vous avez droit à la prime. Mais, dites-moi, ce bruit n'est-il pas celui que font les cétacés rejetant l'eau par leurs évents ?

— Le même bruit, Monsieur, mais celui-ci est incomparablement plus fort. Aussi, ne peut-on s'y tromper. C'est bien un cétacé qui se tient là dans nos eaux. Avec votre permission, Monsieur, ajouta le harponneur, nous lui dirons deux mots demain au lever du jour.

— S'il est d'humeur à vous entendre, Maître Land, répondis-je d'un ton peu convaincu.

— Que je l'approche à quatre longueurs de harpon, riposta le Canadien, et il faudra bien qu'il m'écoute !

— Mais pour l'approcher, reprit le commandant, je devrai mettre une baleinière à votre disposition ?

— Sans doute, Monsieur.

— Ce sera jouer la vie de mes hommes ?

— Et la mienne ! répondit simplement le harponneur.

Vers deux heures du matin le foyer lumineux reparut, non moins intense, à cinq milles au vent de l'*Abraham-Lincoln*. Malgré la distance, malgré le bruit du vent et de la mer, on entendait distinctement les formidables battements de queue de l'animal et jusqu'à sa respiration haletante. Il semblait qu'au moment où l'énorme narval venait respirer à la surface de l'océan, l'air s'engouffrait dans ses poumons, comme fait la vapeur dans les vastes cylindres d'une machine de deux mille chevaux.

« Hum ! pensai-je, une baleine qui aurait la force d'un régiment de cavalerie, ce serait une jolie baleine ! »

On resta sur le qui-vive jusqu'au jour, et l'on se prépara au combat. Les engins de pêche furent disposés le long des bastingages. Le second fit charger ces espingoles qui lancent un harpon à une distance d'un mille, et de longues canardières à balles explosives dont la blessure est mortelle, même aux plus puissants animaux. Ned Land s'était contenté d'affûter son harpon, arme terrible dans sa main.

À six heures, l'aube commença à poindre, et avec les premières lueurs de l'aurore disparut l'éclat électrique du narval. À sept heures, le jour était suffisamment fait, mais une brume matinale très épaisse rétrécissait l'horizon, et les meilleures lorgnettes ne pouvaient la percer. De là, désappointement et colère.

Je me hissai jusqu'aux barres d'artimon. Quelques officiers s'étaient déjà perchés à la tête des mâts.

À huit heures, la brume roula lourdement sur les flots, et ses grosses volutes se levèrent peu à peu. L'horizon s'élargissait et se purifiait à la fois.

Soudain, et comme la veille, la voix de Ned Land se fit entendre.

— La chose en question, par bâbord derrière ! cria le harponneur.

Tous les regards se dirigèrent vers le point indiqué.

Là, à un mille et demi de la frégate, un long corps noirâtre émergeait d'un mètre au-dessus des flots. Sa queue, violemment agitée, produisait un remous considérable. Jamais appareil caudal ne battit la mer avec une telle puissance. Un immense sillage, d'une blancheur éclatante, marquait le passage de l'animal et décrivait une courbe allongée.

La frégate s'approcha du cétacé. Je l'examinai en toute liberté d'esprit. Les rapports du *Shannon* et de l'*Helvetia* avaient un peu exagéré ses dimensions, et j'estimai sa longueur à deux cent cinquante pieds seulement. Quant à sa grosseur, je ne pouvais que difficilement l'apprécier ; mais, en somme, l'animal me parut être admirablement proportionné dans ses trois dimensions.

Pendant que j'observais cet être phénoménal, deux jets de vapeur et d'eau s'élancèrent de ses évents, et montèrent à une hauteur de quarante mètres, ce qui me fixa sur son mode de respiration. J'en conclus définitivement qu'il appartenait à l'embranchement des vertébrés, classe des mammifères, sous-classe des monodelphiens, groupe des pisciformes, ordre des cétacés, famille… Ici, je ne pouvais encore me prononcer. L'ordre des cétacés comprend trois familles : les baleines, les cachalots et les dauphins, et c'est dans cette dernière que sont rangés les narvals. Chacune de ces familles se divise en plusieurs genres, chaque genre en espèces, chaque espèce en variétés. Variété, espèce, genre et famille me manquaient encore, mais je ne doutais pas de compléter ma classification avec l'aide du ciel et du commandant Farragut.

L'équipage attendait impatiemment les ordres de son chef. Celui-ci, après avoir attentivement observé l'animal, fit appeler l'ingénieur. L'ingénieur accourut.

— Monsieur, dit le commandant, vous avez de la pression ?

— Oui, Monsieur, répondit l'ingénieur.

— Bien. Forcez vos feux, et à toute vapeur !

Trois hourras accueillirent cet ordre. L'heure de la lutte avait sonné. Quelques instants après, les deux cheminées de la frégate vomissaient des torrents de fumée noire, et le pont frémissait sous le tremblotement des chaudières.

L'*Abraham-Lincoln,* chassé en avant par sa puissante hélice, se dirigea droit sur l'animal. Celui-ci le laissa indifféremment s'approcher à une demi-encablure ; puis dédaignant de plonger, il prit une petite allure de fuite, et se contenta de maintenir sa distance.

Cette poursuite se prolongea pendant trois quarts d'heure environ, sans que la frégate gagnât deux toises sur le cétacé. Il était donc évident qu'à marcher ainsi, on ne l'atteindrait jamais.

Le commandant Farragut tordait avec rage l'épaisse touffe de poils qui foisonnait sous son menton.

— Ned Land ! cria-t-il.

Le Canadien vint à l'ordre.

— Eh bien, Maître Land, demanda le commandant, me conseillez-vous encore de mettre mes embarcations à la mer ?

— Non, Monsieur, répondit Ned Land, car cette bête-là ne se laissera prendre que si elle le veut bien.

— Que faire alors ?

— Forcer de vapeur si vous le pouvez, Monsieur. Pour moi, avec votre permission, s'entend, je vais m'installer sous les sous-barbes de beaupré, et si nous arrivons à longueur de harpon, je harponne.

— Allez, Ned, répondit le commandant Farragut. Ingénieur, cria-t-il, faites monter la pression.

Ned Land se rendit à son poste. Les feux furent plus activement poussés ; l'hélice donna quarante-trois tours à la minute, et la vapeur fusa par les soupapes. Le loch jeté, on constata que l'*Abraham-Lincoln* marchait à raison de dix-huit milles cinq dixièmes à l'heure.

Mais le maudit animal filait aussi avec une vitesse de dix-huit milles cinq dixièmes.

Pendant une heure encore, la frégate se maintint sous cette allure, sans gagner une toise ! C'était humiliant pour l'un des plus rapides marcheurs de la marine américaine. Une sourde colère courait parmi l'équipage. Les matelots injuriaient le monstre, qui, d'ailleurs, dédaignait de leur répondre. Le commandant Farragut ne se contentait plus de tordre sa barbiche, il la mordait.

L'ingénieur fut encore une fois appelé.

— Vous avez atteint votre maximum de pression ? lui demanda le commandant.

— Oui, Monsieur, répondit l'ingénieur.

— Et vos soupapes sont chargées ?...

— À six atmosphères et demie.

— Chargez-les à dix atmosphères.

Voilà un ordre américain s'il en fut. On n'eût pas mieux fait sur le Mississippi pour distancer une « concurrence » !

— Conseil, dis-je à mon brave serviteur qui se trouvait près de moi, sais-tu bien que nous allons probablement sauter ?

— Comme il plaira à monsieur ! répondit Conseil.

Eh bien ! je l'avouerai, cette chance, il ne me déplaisait pas de la risquer.

Les soupapes furent chargées. Le charbon s'engouffra dans les fourneaux. Les ventilateurs envoyèrent des torrents d'air sur les brasiers. La rapidité de l'*Abraham-Lincoln* s'accrut. Ses mâts tremblaient jusque dans leurs emplantures, et les tourbillons de fumée pouvaient à peine trouver passage par les cheminées trop étroites.

On jeta le loch une seconde fois.

— Eh bien ! timonier ? demanda le commandant Farragut.

— Dix-neuf milles trois dixièmes, Monsieur.

— Forcez les feux.

L'ingénieur obéit. Le manomètre marqua dix atmosphères. Mais le cétacé « chauffa » lui aussi, sans doute, car, sans se gêner, il fila ses dix-neuf milles et trois dixièmes.

Quelle poursuite ! Non, je ne puis décrire l'émotion qui faisait vibrer tout mon être. Ned Land se tenait à son poste, le harpon à la main. Plusieurs fois, l'animal se laissa approcher.

— Nous le gagnons ! nous le gagnons ! s'écria le Canadien.

Puis, au moment où il se disposait à frapper, le cétacé se dérobait avec une rapidité que je ne puis estimer à moins de trente milles à l'heure. Et même, pendant notre maximum de vitesse, ne se permit-il pas de narguer la frégate en en faisant le tour ! Un cri de fureur s'échappa de toutes les poitrines !

À midi, nous n'étions pas plus avancés qu'à huit heures du matin.

Le commandant Farragut se décida alors à employer des moyens plus directs.

— Ah ! dit-il, cet animal-là va plus vite que l'*Abraham-Lincoln* ! Eh bien : nous allons voir s'il distancera ses boulets coniques. Maître, des hommes à la pièce de l'avant.

Le canon de gaillard fut immédiatement chargé et braqué. Le coup partit, mais le boulet passa à quelques pieds au-dessus du cétacé, qui se tenait à un demi-mille.

— À un autre plus adroit ! cria le commandant, et cinq cents dollars à qui percera cette infernale bête !

Un vieux canonnier à barbe grise – que je vois encore – l'œil calme, la physionomie froide, s'approcha de sa pièce, la mit en position et visa longtemps. Une forte détonation éclata, à laquelle se mêlèrent les hourras de l'équipage.

Le boulet atteignit son but, il frappa l'animal, mais non pas normalement, et glissant sur sa surface arrondie, il alla se perdre à deux milles en mer.

— Ah ça ! dit le vieux canonnier, rageant, ce gueux-là est donc blindé avec des plaques de six pouces !

— Malédiction ! s'écria le commandant Farragut.

La chasse recommença, et le commandant Farragut se penchant vers moi, me dit :

— Je poursuivrai l'animal jusqu'à ce que ma frégate éclate !

— Oui, répondis-je, et vous aurez raison !

On pouvait espérer que l'animal s'épuiserait, et qu'il ne serait pas indifférent à la fatigue comme une machine à vapeur. Mais il n'en fut rien. Les heures s'écoulèrent, sans qu'il donnât aucun signe d'épuisement.

Cependant, il faut dire à la louange de l'*Abraham-Lincoln* qu'il lutta avec une infatigable ténacité. Je n'estime pas à moins de cinq cents kilomètres la distance qu'il parcourut pendant cette malencontreuse journée du 6 novembre ! Mais la nuit vint et enveloppa de ses ombres le houleux océan.

En ce moment, je crus que notre expédition était terminée, et que nous ne reverrions plus jamais le fantastique animal. Je me trompais.

À dix heures cinquante minutes du soir, la clarté électrique réapparut, à trois milles au vent de la frégate, aussi pure, aussi intense que pendant la nuit dernière.

Le narval semblait immobile. Peut-être, fatigué de sa journée, dormait-il, se laissant aller à l'ondulation des lames ? Il y avait là une chance dont le commandant Farragut résolut de profiter.

Il donna ses ordres. L'*Abraham-Lincoln* fut tenu sous petite vapeur, et s'avança prudemment pour ne pas éveiller son adversaire. Il n'est pas rare de rencontrer en plein océan des baleines profondément endormies que l'on attaque alors avec succès, et Ned Land en avait harponné plus d'une pendant son sommeil. Le Canadien alla reprendre son poste dans les sous-barbes du beaupré.

La frégate s'approcha sans bruit, stoppa à deux encablures de l'animal, et courut sur son erre. On ne respirait plus à bord. Un silence profond régnait sur le pont. Nous n'étions pas à cent pieds du foyer ardent, dont l'éclat grandissait et éblouissait nos yeux.

En ce moment, penché sur la lisse du gaillard d'avant je voyais au-dessous de moi Ned Land, accroché d'une main à la martingale, de l'autre brandissant son terrible harpon. Vingt pieds à peine le séparaient de l'animal immobile.

Tout d'un coup, son bras se détendit violemment, et le harpon fut lancé. J'entendis le choc sonore de l'arme, qui semblait avoir heurté un corps dur.

La clarté électrique s'éteignit soudain, et deux énormes trombes d'eau s'abattirent sur le pont de la frégate, courant comme un torrent de l'avant à l'arrière, renversant les hommes, brisant les saisines des dromes.

Un choc effroyable se produisit, et, lancé par-dessus la lisse, sans avoir le temps de me retenir, je fus précipité à la mer.

* * *

Bien que j'eusse été surpris par cette chute inattendue, je n'en conservai pas moins une impression très nette de mes sensations.

Je fus d'abord entraîné à une profondeur de vingt pieds environ. Je suis bon nageur, sans prétendre égaler Byron et Edgar Poe, qui sont des maîtres, et ce plongeon ne me fit point perdre la tête. Deux vigoureux coups de talons me ramenèrent à la surface de la mer.

Mon premier soin fut de chercher des yeux la frégate. L'équipage s'était-il aperçu de ma disparition ? L'*Abraham-Lincoln* avait-il viré de bord ? Le commandant Farragut mettait-il une embarcation à la mer ? Devais-je espérer d'être sauvé ?

Les ténèbres étaient profondes. J'entrevis une masse noire qui disparaissait vers l'est, et dont les feux de position s'éteignirent dans l'éloignement. C'était la frégate. Je me sentis perdu.

— À moi ! à moi ! criai-je en nageant vers l'*Abraham-Lincoln* d'un bras désespéré.

Mes vêtements m'embarrassaient. L'eau les collait à

mon corps, ils paralysaient mes mouvements. Je coulais ! je suffoquais !…

— À moi !

Ce fut le dernier cri que je jetai. Ma bouche s'emplit d'eau. Je me débattis, entraîné dans l'abîme…

Soudain, mes habits furent saisis par une main vigoureuse, je me sentis violemment ramené à la surface de la mer, et j'entendis, oui, j'entendis ces paroles prononcées à mon oreille :

— Si Monsieur veut avoir l'extrême obligeance de s'appuyer sur mon épaule, Monsieur nagera beaucoup plus à son aise.

Je saisis d'une main le bras de mon fidèle Conseil.

— Toi ! dis-je, toi !

— Moi-même, répondit Conseil, et aux ordres de Monsieur.

— Et ce choc t'a précipité en même temps que moi à la mer ?

— Nullement. Mais étant au service de Monsieur, j'ai suivi Monsieur !

Le digne garçon trouvait cela tout naturel !

— Et la frégate ? demandai-je.

— La frégate ! répondit Conseil en se retournant sur le dos, je crois que monsieur fera bien de ne pas trop compter sur elle !

— Tu dis ?

— Je dis qu'au moment où je me précipitai à la mer,

j'entendis les hommes de barre s'écrier : « L'hélice et le gouvernail sont brisés ! »...

— Brisés ?

— Oui ! brisés par la dent du monstre. C'est la seule avarie, je pense, que l'*Abraham-Lincoln* ait éprouvée. Mais, circonstance fâcheuse pour nous, il ne gouverne plus.

— Alors, nous sommes perdus !

— Peut-être, répondit tranquillement Conseil. Cependant, nous avons encore quelques heures devant nous, et en quelques heures, on fait bien des choses !

L'imperturbable sang-froid de Conseil me remonta. Je nageai plus vigoureusement ; mais, gêné par mes vêtements qui me serraient comme une chape de plomb, j'éprouvais une extrême difficulté à me soutenir. Conseil s'en aperçut.

— Que Monsieur me permette de lui faire une incision, dit-il.

Et glissant un couteau ouvert sous mes habits, il les fendit de haut en bas d'un coup rapide. Puis, il m'en débarrassa lestement, tandis que je nageais pour tous deux.

À mon tour, je rendis le même service à Conseil, et nous continuâmes de « naviguer » l'un près de l'autre.

Cependant, la situation n'en était pas moins terrible. Peut-être notre disparition n'avait-elle pas été remarquée, et l'eût-elle été, la frégate ne pouvait revenir sous le vent à nous, étant démontée de son gouvernail. Il ne fallait donc compter que sur ses embarcations.

Conseil raisonna froidement dans cette hypothèse et fit

son plan en conséquence. Étonnante nature ! Ce flegmatique garçon était là comme chez lui !

Il fut donc décidé que notre seule chance de salut étant d'être recueillis par les embarcations de l'*Abraham-Lincoln*, nous devions nous organiser de manière à les attendre le plus longtemps possible. Je résolus alors de diviser nos forces afin de ne pas les épuiser simultanément, et voici ce qui fut convenu : pendant que l'un de nous, étendu sur le dos, se tiendrait, immobile, les bras croisés, les jambes allongées, l'autre nagerait et le pousserait en avant. Ce rôle de remorqueur ne devait pas durer plus de dix minutes, et nous relayant ainsi, nous pouvions surnager pendant quelques heures, et peut-être jusqu'au lever du jour.

Faible chance ! mais l'espoir est si fortement enraciné au cœur de l'homme ! Puis, nous étions deux. Enfin je l'affirme bien que cela paraisse improbable – si je cherchais à détruire en moi toute illusion, si je voulais « désespérer », je ne le pouvais pas !

La collision de la frégate et du cétacé s'était produite vers onze heures du soir environ. Je comptais donc sur huit heures de nage jusqu'au lever du soleil. Opération rigoureusement praticable, en nous relayant. La mer assez belle, nous fatiguait peu. Parfois, je cherchais à percer du regard ces épaisses ténèbres que rompait seule la phosphorescence provoquée par nos mouvements. Je regardais ces ondes lumineuses qui se brisaient sur ma main et dont la nappe miroitante se tachait de plaques livides. On eût dit que nous étions plongés dans un bain de mercure.

Vers une heure du matin, je fus pris d'une extrême fatigue. Mes membres se raidirent sous l'étreinte de crampes violentes. Conseil dut me soutenir, et le soin de notre conservation reposa sur lui seul. J'entendis bientôt haleter le pauvre garçon ; sa respiration devint courte et pressée. Je compris qu'il ne pouvait résister longtemps.

— Laisse-moi ! laisse-moi ! lui dis-je.

— Abandonner Monsieur ! jamais ! répondit-il. Je compte bien me noyer avant lui !

En ce moment, la lune apparut à travers les franges d'un gros nuage que le vent entraînait dans l'est. La surface de la mer étincela sous ses rayons. Cette bienfaisante lumière ranima nos forces. Ma tête se redressa. Mes regards se portèrent à tous les points de l'horizon. J'aperçus la frégate. Elle était à cinq milles de nous, et ne formait plus qu'une masse sombre, à peine appréciable ! Mais d'embarcations, point !

Je voulus crier. À quoi bon, à pareille distance ! Mes lèvres gonflées ne laissèrent passer aucun son. Conseil put articuler quelques mots, et je l'entendis répéter à plusieurs reprises :

— À nous ! à nous !

Nos mouvements un instant suspendus, nous écoutâmes. Et, fût-ce un de ces bourdonnements dont le sang oppressé emplit l'oreille, mais il me sembla qu'un cri répondait au cri de Conseil.

— As-tu entendu ? murmurai-je.

— Oui ! oui !

Et Conseil jeta dans l'espace un nouvel appel désespéré.

Cette fois, pas d'erreur possible ! Une voix humaine répondait à la nôtre ! Était-ce la voix de quelque infortuné, abandonné au milieu de l'océan, quelque autre victime du choc éprouvé par le navire ? Ou plutôt une embarcation de la frégate ne nous hélait-elle pas dans l'ombre ?

Conseil fit un suprême effort, et, s'appuyant sur mon épaule, tandis que je résistais dans une dernière convulsion, il se dressa à demi hors de l'eau et retomba épuisé.

— Qu'as-tu vu ?

— J'ai vu… murmura-t-il, j'ai vu… mais ne parlons pas… gardons toutes nos forces !…

Qu'avait-il vu ? Alors, je ne sais pourquoi, la pensée du monstre me vint pour la première fois à l'esprit !… Mais cette voix cependant ?… Les temps ne sont plus où les Jonas se réfugient dans le ventre des baleines !

Pourtant, Conseil me remorquait encore. Il relevait parfois la tête, regardait devant lui, et jetait un cri de reconnaissance auquel répondait une voix de plus en plus rapprochée. Je l'entendais à peine. Mes forces étaient à bout ; mes doigts s'écartaient ; ma main ne me fournissait plus un point d'appui ; ma bouche, convulsivement ouverte, s'emplissait d'eau salée ; le froid m'envahissait. Je relevai la tête une dernière fois, puis, je m'abîmai…

En cet instant, un corps dur me heurta. Je m'y cramponnai. Puis, je sentis qu'on me retirait, qu'on me ramenait à la surface de l'eau, que ma poitrine se dégonflait, et je m'évanouis…

Il est certain que je revins promptement à moi, grâce à de

vigoureuses frictions qui me sillonnèrent le corps. J'entrouvris les yeux...

— Conseil ! murmurai-je.

— Monsieur m'a sonné ? répondit Conseil.

En ce moment, aux dernières clartés de la lune qui s'abaissait vers l'horizon, j'aperçus une figure qui n'était pas celle de Conseil, et que je reconnus aussitôt.

— Ned ! m'écriai-je

— En personne, Monsieur, et qui court après sa prime ! répondit le Canadien.

— Vous avez été précipité à la mer au choc de la frégate ?

— Oui, Monsieur le professeur, mais plus favorisé que vous, j'ai pu prendre pied presque immédiatement sur un îlot flottant.

— Un îlot ?

— Ou, pour mieux dire, sur notre narval gigantesque.

— Expliquez-vous, Ned.

— Seulement, j'ai bientôt compris pourquoi mon harpon n'avait pu l'entamer et s'était émoussé sur sa peau.

— Pourquoi, Ned, pourquoi ?

— C'est que cette bête-là, Monsieur le professeur, est faite en tôle d'acier !

Il faut que je reprenne mes esprits, que je revivifie mes souvenirs, que je contrôle moi-même mes assertions.

Les dernières paroles du Canadien avaient produit un revirement subit dans mon cerveau. Je me hissai rapidement au sommet de l'être ou de l'objet à demi immergé qui nous servait de refuge. Je l'éprouvai du pied. C'était évidemment un corps dur, impénétrable, et non pas cette substance molle qui forme la masse des grands mammifères marins.

Mais ce corps dur pouvait être une carapace osseuse, semblable à celle des animaux antédiluviens, et j'en serais quitte pour classer le monstre parmi les reptiles amphibies, tels que les tortues ou les alligators.

Eh bien ! non ! Le dos noirâtre qui me supportait était lisse, poli, non imbriqué. Il rendait au choc une sonorité métallique, et, si incroyable que cela fût, il semblait que, dis-je, il était fait de plaques boulonnées.

Le doute n'était pas possible ! L'animal, le monstre, le phénomène naturel qui avait intrigué le monde savant tout entier, bouleversé et fourvoyé l'imagination des marins des deux hémisphères, il fallait bien le reconnaître, c'était un phénomène plus étonnant encore, un phénomène de main d'homme.

La découverte de l'existence de l'être le plus fabuleux, le plus mythologique, n'eût pas, au même degré, surpris ma raison. Que ce qui est prodigieux vienne du Créateur, c'est tout simple. Mais trouver tout à coup, sous ses yeux, l'impossible mystérieusement et humainement réalisé, c'était à confondre l'esprit !

Il n'y avait pas à hésiter cependant. Nous étions étendus sur le dos d'une sorte de bateau sous-marin, qui présentait, autant que j'en pouvais juger, la forme d'un immense poisson d'acier. L'opinion de Ned Land était faite sur ce point. Conseil et moi, nous ne pûmes que nous y ranger.

— Mais alors, dis-je, cet appareil renferme en lui un mécanisme de locomotion et un équipage pour le manœuvrer ?

— Évidemment, répondit le harponneur, et néanmoins, depuis trois heures que j'habite cette île flottante, elle n'a pas donné signé de vie.

— Ce bateau n'a pas marché ?

— Non, Monsieur Aronnax. Il se laisse bercer au gré des lames, mais il ne bouge pas.

— Nous savons, à n'en pas douter, cependant, qu'il est doué d'une grande vitesse. Or, comme il faut une machine pour produire cette vitesse et un mécanicien pour conduire cette machine, j'en conclus... que nous sommes sauvés.

— Hum ! fit Ned Land d'un ton réservé.

En ce moment, et comme pour donner raison à mon argumentation, un bouillonnement se fit à l'arrière de cet étrange appareil, dont le propulseur était évidemment une hélice, et il se mit en mouvement. Nous n'eûmes que le temps de nous accrocher à sa partie supérieure qui émergeait de quatre-vingts centimètres environ. Très heureusement sa vitesse n'était pas excessive.

— Tant qu'il navigue horizontalement, murmura Ned Land, je n'ai rien à dire. Mais s'il lui prend la fantaisie de plonger, je ne donnerais pas deux dollars de ma peau !

Moins encore, aurait pu dire le Canadien. Il devenait donc urgent de communiquer avec les êtres quelconques renfermés dans les flancs de cette machine. Je cherchai à sa surface une ouverture, un panneau, « un trou d'homme », pour employer l'expression technique ; mais les lignes de boulons, solidement rabattues sur la jointure des tôles, étaient nettes et uniformes.

D'ailleurs, la lune disparut alors, et nous laissa dans une obscurité profonde. Il fallut attendre le jour pour aviser aux moyens de pénétrer à l'intérieur de ce bateau sous-marin.

Ainsi donc, notre salut dépendait uniquement du caprice des mystérieux timoniers qui dirigeaient cet appareil, et, s'ils plongeaient, nous étions perdus ! Ce cas excepté, je ne doutais pas de la possibilité d'entrer en relations avec eux. Et, en effet, s'ils ne faisaient pas eux-mêmes leur air, il fallait nécessairement qu'ils revinssent de temps en temps à la surface de l'Océan pour renouveler leur provision de molécules respirables. Donc, nécessité d'une ouverture qui mettait l'intérieur du bateau en communication avec l'atmosphère.

Quant à l'espoir d'être sauvé par le commandant Farragut, il fallait y renoncer complètement. Nous étions entraînés vers l'ouest, et j'estimai que notre vitesse, relativement modérée, atteignait douze milles à l'heure. L'hélice battait les flots avec une régularité mathématique, émergeant quelquefois et faisant jaillir l'eau phosphorescente à une grande hauteur.

Vers quatre heures du matin, la rapidité de l'appareil s'accrut. Nous résistions difficilement à ce vertigineux entraînement, lorsque les lames nous battaient de plein fouet. Heureusement, Ned rencontra sous sa main un large organeau fixé à la partie supérieure du dos de tôle, et nous parvînmes à nous y accrocher solidement.

Enfin cette longue nuit s'écoula. Mon souvenir incomplet ne permet pas d'en retracer toutes les impressions. Un seul détail me revient à l'esprit. Pendant certaines accalmies de la mer et du vent, je crus entendre plusieurs fois des sons vagues, une sorte d'harmonie fugitive produite par des accords lointains. Quel était donc le mystère de cette navigation sous-marine dont le monde entier cherchait vainement l'explication ? Quels êtres vivaient dans cet étrange bateau ? Quel agent mécanique lui permettait de se déplacer avec une si prodigieuse vitesse ?

Le jour parut. Les brumes du matin nous enveloppaient, mais elles ne tardèrent pas à se déchirer. J'allais procéder à un examen attentif de la coque qui formait à sa partie supérieure une sorte de plate-forme horizontale, quand je la sentis s'enfoncer peu à peu.

— Eh ! mille diables ! s'écria Ned Land, frappant du pied la tôle sonore, ouvrez donc, navigateurs peu hospitaliers !

Mais il était difficile de se faire entendre au milieu des battements assourdissants de l'hélice. Heureusement, le mouvement d'immersion s'arrêta.

Soudain, un bruit de ferrures violemment poussées se produisit à l'intérieur du bateau. Une plaque se souleva, un homme parut, jeta un cri bizarre et disparut aussitôt.

Quelques instants après, huit solides gaillards, le visage

voilé, apparaissaient silencieusement, et nous entraînaient dans leur formidable machine.

* * *

Cet enlèvement, si brutalement exécuté, s'était accompli avec la rapidité de l'éclair. Mes compagnons et moi, nous n'avions pas eu le temps de nous reconnaître. Je ne sais ce qu'ils éprouvèrent en se sentant introduits dans cette prison flottante ; mais, pour mon compte, un rapide frisson me glaça l'épiderme. À qui avions-nous affaire ? Sans doute à quelques pirates d'une nouvelle espèce qui exploitaient la mer à leur façon.

À peine l'étroit panneau fut-il refermé sur moi, qu'une obscurité profonde m'enveloppa. Mes yeux, imprégnés de la lumière extérieure, ne purent rien percevoir. Je sentis mes pieds nus se cramponner aux échelons d'une échelle de fer. Ned Land et Conseil, vigoureusement saisis, me suivaient. Au bas de l'échelle, une porte s'ouvrit et se referma immédiatement sur nous avec un retentissement sonore.

Nous étions seuls. Où ? Je ne pouvais le dire, à peine l'imaginer. Tout était noir, mais d'un noir si absolu, qu'après quelques minutes, mes yeux n'avaient encore pu saisir une de ces lueurs indéterminées qui flottent dans les plus profondes nuits.

Cependant, Ned Land, furieux de ces façons de procéder, donnait un libre cours à son indignation.

— Mille diables ! s'écriait-il, voilà des gens qui en

remonteraient aux Calédoniens pour l'hospitalité ! Il ne leur manque plus que d'être anthropophages ! Je n'en serais pas surpris, mais je déclare que l'on ne me mangera pas sans que je proteste !

— Calmez-vous, ami Ned, calmez-vous, répondit tranquillement Conseil. Ne vous emportez pas avant l'heure. Nous ne sommes pas encore dans la rôtissoire !

— Dans la rôtissoire, non, riposta le Canadien, mais dans le four, à coup sûr ! Il y fait assez noir. Heureusement, mon *bowie knife* ne m'a pas quitté, et j'y vois toujours assez clair pour m'en servir. Le premier de ces bandits qui met la main sur moi…

— Ne vous irritez pas, Ned, dis-je alors au harponneur, et ne nous compromettez point par d'inutiles violences. Qui sait si on ne nous écoute pas ! Tâchons plutôt de savoir où nous sommes !

Je marchai en tâtonnant. Après cinq pas, je rencontrai une muraille de fer, faite de tôles boulonnées. Puis, me retournant, je heurtai une table de bois, près de laquelle étaient rangés plusieurs escabeaux. Le plancher de cette prison se dissimulait sous une épaisse natte de phormium qui assourdissait le bruit des pas. Les murs nus ne révélaient aucune trace de porte ni de fenêtre. Conseil, faisant un tour en sens inverse, me rejoignit, et nous revînmes au milieu de cette cabine, qui devait avoir vingt pieds de long sur dix pieds de large. Quant à sa hauteur, Ned Land, malgré sa grande taille, ne put la mesurer.

Une demi-heure s'était déjà écoulée sans que la situation

se fût modifiée, quand, d'une extrême obscurité, nos yeux passèrent subitement à la plus violente lumière. Notre prison s'éclaira soudain, c'est-à-dire qu'elle s'emplit d'une matière lumineuse tellement vive que je ne pus d'abord en supporter l'éclat. À sa blancheur, à son intensité, je reconnus cet éclairage électrique, qui produisait autour du bateau sous-marin comme un magnifique phénomène de phosphorescence. Après avoir involontairement fermé les yeux, je les rouvris, et je vis que l'agent lumineux s'échappait d'un demi-globe dépoli qui s'arrondissait à la partie supérieure de la cabine.

— Enfin ! on y voit clair ! s'écria Ned Land, qui, son couteau à la main, se tenait sur la défensive.

— Oui, répondis-je, risquant l'antithèse, mais la situation n'en est pas moins obscure.

— Que monsieur prenne patience, dit l'impassible Conseil.

Le soudain éclairage de la cabine m'avait permis d'en examiner les moindres détails. Elle ne contenait que la table et les cinq escabeaux. La porte invisible devait être hermétiquement fermée. Aucun bruit n'arrivait à notre oreille. Tout semblait mort à l'intérieur de ce bateau. Marchait-il, se maintenait-il à la surface de l'Océan, s'enfonçait-il dans ses profondeurs ? Je ne pouvais le deviner.

Cependant, le globe lumineux ne s'était pas allumé sans raison. j'espérais donc que les hommes de l'équipage ne tarderaient pas à se montrer. Quand on veut oublier les gens, on n'éclaire pas les oubliettes.

Je ne me trompais pas. Un bruit de verrou se fit entendre, la porte s'ouvrit, deux hommes parurent.

L'un était de petite taille, vigoureusement musclé, large d'épaules, robuste de membres, la tête forte, la chevelure abondante et noire, la moustache épaisse, le regard vif et pénétrant, et toute sa personne empreinte de cette vivacité méridionale qui caractérise en France les populations provençales. Diderot a très justement prétendu que le geste de l'homme est métaphorique, et ce petit homme en était certainement la preuve vivante. On sentait que dans son langage habituel, il devait prodiguer les prosopopées, les métonymies et les hypallages. Ce que, d'ailleurs, je ne fus jamais à même de vérifier, car il employa toujours devant moi un idiome singulier et absolument incompréhensible.

Le second inconnu mérite une description plus détaillée. Un disciple de Gratiolet ou d'Engel eût lu sur sa physionomie à livre ouvert. Je reconnus sans hésiter ses qualités dominantes : la confiance en lui, car sa tête se dégageait noblement sur l'arc formé par la ligne de ses épaules, et ses yeux noirs regardaient avec une froide assurance ; le calme, car sa peau, pâle plutôt que colorée, annonçait la tranquillité du sang ; l'énergie, que démontrait la rapide contraction de ses muscles sourciliers ; le courage enfin, car sa vaste respiration dénotait une grande expansion vitale.

J'ajouterai que cet homme était fier, que son regard ferme et calme semblait refléter de hautes pensées, et que de tout cet ensemble, de l'homogénéité des expressions dans les gestes du corps et du visage, suivant l'observation des physionomistes, résultait une indiscutable franchise.

Je me sentis « involontairement » rassuré en sa présence, et j'augurai bien de notre entrevue.

Ce personnage avait-il trente-cinq ou cinquante ans, je n'aurais pu le préciser. Sa taille était haute, son front large, son nez droit, sa bouche nettement dessinée, ses dents magnifiques, ses mains fines, allongées, éminemment « psychiques » pour employer un mot de la chirognomonie, c'est-à-dire dignes de servir une âme haute et passionnée. Cet homme formait certainement le plus admirable type que j'eusse jamais rencontré. Détail particulier, ses yeux, un peu écartés l'un de l'autre, pouvaient embrasser simultanément près d'un quart de l'horizon. Cette faculté, je l'ai vérifié plus tard, se doublait d'une puissance de vision encore supérieure à celle de Ned Land. Lorsque cet inconnu fixait un objet, la ligne de ses sourcils se fronçait, ses larges paupières se rapprochaient de manière à circonscrire la pupille des yeux et à rétrécir ainsi l'étendue du champ visuel, et il regardait ! Quel regard ! Comme il grossissait les objets rapetissés par l'éloignement ! Comme il vous pénétrait jusqu'à l'âme ! Comme il perçait ces nappes liquides, si opaques à nos yeux, et comme il lisait au plus profond des mers !…

Les deux inconnus, coiffés de bérets faits d'une fourrure de loutre marine, et chaussés de bottes de mer en peau de phoque, portaient des vêtements d'un tissu particulier, qui dégageaient la taille et laissaient une grande liberté de mouvements.

Le plus grand des deux – évidemment le chef du bord – nous examina avec une extrême attention, sans prononcer une parole. Puis, se retournant vers son compagnon, il s'entretint avec lui dans une langue que je ne pus reconnaître. C'était un idiome sonore, harmonieux, flexible, dont les voyelles semblaient soumises à une accentuation très variée.

L'autre répondit par un hochement de tête, et ajouta deux ou trois mots parfaitement incompréhensibles. Puis du regard il parut m'interroger directement.

Je répondis, en bon français, que je n'entendais point son langage ; mais il ne sembla pas me comprendre, et la situation devint assez embarrassante.

— Que Monsieur raconte toujours notre histoire, me dit Conseil. Ces messieurs en saisiront peut-être quelques mots !

Je recommençai le récit de nos aventures, articulant nettement toutes mes syllabes, et sans omettre un seul détail. Je déclinai nos noms et qualités ; puis, je présentai dans les formes le professeur Aronnax, son domestique Conseil, et maître Ned Land, le harponneur.

L'homme aux yeux doux et calmes m'écouta tranquillement, poliment même, et avec une attention remarquable. Mais rien dans sa physionomie n'indiqua qu'il eût compris mon histoire. Quand j'eus fini, il ne prononça pas un seul mot.

Restait encore la ressource de parler anglais. Peut-être se ferait-on entendre dans cette langue qui est à peu près universelle. Je la connaissais, ainsi que la langue allemande, d'une manière suffisante pour la lire couramment, mais non pour la parler correctement. Or, ici, il fallait surtout se faire comprendre.

— Allons, à votre tour, dis-je au harponneur. À vous, Maître Land, tirez de votre sac le meilleur anglais qu'ait jamais parlé un Anglo-Saxon. et tâchez d'être plus heureux que moi.

Ned ne se fit pas prier et recommença mon récit que je compris à peu près. Le fond fut le même, mais la forme différa. Le Canadien, emporté par son caractère, y mit beaucoup d'animation. Il se plaignit violemment d'être emprisonné au mépris du droit des gens, demanda en vertu de quelle loi on le retenait ainsi, invoqua l'*habeas corpus*, menaça de poursuivre ceux qui le séquestraient indûment, se démena, gesticula, cria, et finalement, il fit comprendre par un geste expressif que nous mourions de faim.

Ce qui était parfaitement vrai, mais nous l'avions à peu près oublié.

À sa grande stupéfaction, le harponneur ne parut pas avoir été plus intelligible que moi. Nos visiteurs ne sourcillèrent pas. Il était évident qu'ils ne comprenaient ni la langue d'Arago ni celle de Faraday.

Fort embarrassé, après avoir épuisé vainement nos ressources philologiques, je ne savais plus quel parti prendre, quand Conseil me dit :

— Si Monsieur m'y autorise, je raconterai la chose en allemand.

— Comment ! tu sais l'allemand ? m'écriai-je.

— Comme un Flamand, n'en déplaise à Monsieur.

— Cela me plaît, au contraire. Va, mon garçon.

Et Conseil, de sa voix tranquille, raconta pour la troisième fois les diverses péripéties de notre histoire. Mais, malgré les élégantes tournures et la belle accentuation du narrateur, la langue allemande n'eut aucun succès.

Enfin, poussé à bout, je rassemblai tout ce qui me restait de mes premières études, et j'entrepris de narrer nos aventures en latin. Cicéron se fût bouché les oreilles et m'eût renvoyé à la cuisine, mais cependant, je parvins à m'en tirer. Même résultat négatif.

Cette dernière tentative définitivement avortée, les deux inconnus échangèrent quelques mots dans leur incompréhensible langage, et se retirèrent, sans même nous avoir adressé un de ces gestes rassurants qui ont cours dans tous les pays du monde. La porte se referma.

— C'est une infamie ! s'écria Ned Land, qui éclata pour la vingtième fois. Comment ! On leur parle français, anglais, allemand, latin, à ces coquins-là, et il n'en est pas un qui ait la civilité de répondre !

— Calmez-vous, Ned, dis-je au bouillant harponneur, la colère ne mènerait à rien.

— Mais savez-vous, monsieur le Professeur, reprit notre irascible compagnon, que l'on mourrait parfaitement de faim dans cette cage de fer ?

— Bah ! fit Conseil, avec de la philosophie, on peut encore tenir longtemps !

— Mes amis, dis-je, il ne faut pas se désespérer. Nous

nous sommes trouvés dans de plus mauvaises passes. Faites-moi donc le plaisir d'attendre pour vous former une opinion sur le commandant et l'équipage de ce bateau.

— Mon opinion est toute faite, riposta Ned Land. Ce sont des coquins...

— Bon ! et de quel pays ?

— Du pays des coquins !

— Mon brave Ned, ce pays-là n'est pas encore suffisamment indiqué sur la mappemonde, et j'avoue que la nationalité de ces deux inconnus est difficile à déterminer ! Ni Anglais, ni Français, ni Allemands, voilà tout ce que l'on peut affirmer. Cependant, je serais tenté d'admettre que ce commandant et son second sont nés sous de basses latitudes. Il y a du méridional en eux. Mais sont-ils espagnols, turcs, arabes ou indiens, c'est ce que leur type physique ne me permet pas de décider. Quant à leur langage, il est absolument incompréhensible.

— Voilà le désagrément de ne pas savoir toutes les langues, répondit Conseil, ou le désavantage de ne pas avoir une langue unique !

— Ce qui ne servirait à rien ! répondit Ned Land. Ne voyez-vous pas que ces gens-là ont un langage à eux, un langage inventé pour désespérer les braves gens qui demandent à dîner ! Mais, dans tous les pays de la terre ouvrir la bouche, remuer les mâchoires, happer des dents et des lèvres, est-ce que cela ne se comprend pas du reste ? Est-ce que cela ne veut pas dire à Québec comme aux Pomotou, à Paris comme aux antipodes : j'ai faim ! Donnez-moi à manger !...

— Oh ! fit Conseil, il y a des natures si inintelligentes !...

Comme il disait ces mots, la porte s'ouvrit. Un stewart entra. Il nous apportait des vêtements, vestes et culottes de mer, faites d'une étoffe dont je ne reconnus pas la nature. Je me hâtai de les revêtir, et mes compagnons m'imitèrent.

Pendant ce temps, le stewart muet, sourd peut-être, avait disposé la table et placé trois couverts.

— Voilà quelque chose de sérieux, dit Conseil, et cela s'annonce bien.

— Bah ! répondit le rancunier harponneur, que diable voulez-vous qu'on mange ici ? du foie de tortue, du filet de requin, du bifteck de chien de mer !

— Nous verrons bien ! dit Conseil.

Les plats, recouverts de leur cloche d'argent, furent symétriquement posés sur la nappe, et nous prîmes place à table. Décidément, nous avions affaire à des gens civilisés, et sans la lumière électrique qui nous inondait, je me serais cru dans la salle à manger de l'hôtel Adelphi, à Liverpool, ou du Grand Hôtel, à Paris. Je dois dire toutefois que le pain et le vin manquaient totalement. L'eau était fraîche et limpide, mais c'était de l'eau – ce qui ne fut pas du goût de Ned Land. Parmi les mets qui nous furent servis, je reconnus divers poissons délicatement apprêtés ; mais, sur certains plats, excellents d'ailleurs, je ne pus me prononcer, et je n'aurais même su dire à quel règne, végétal ou animal, leur contenu appartenait. Quant au service de table, il était élégant et d'un goût parfait. Chaque ustensile, cuiller, fourchette, couteau, assiette, portait une lettre entourée d'une devise en exergue, et dont voici le fac-similé exact :

Mobile dans l'élément mobile ! Cette devise s'appliquait justement à cet appareil sous-marin, à la condition de traduire la préposition *in* par « dans » et non par « sur ». La lettre N formait sans doute l'initiale du nom de l'énigmatique personnage qui commandait au fond des mers !

Ned et Conseil ne faisaient pas tant de réflexions. Ils dévoraient, et je ne tardai pas à les imiter. J'étais, d'ailleurs, rassuré sur notre sort, et il me paraissait évident que nos hôtes ne voulaient pas nous laisser mourir d'inanition.

Cependant, tout finit ici-bas, tout passe, même la faim de gens qui n'ont pas mangé depuis quinze heures. Notre appétit satisfait, le besoin de sommeil se fit impérieusement sentir. Réaction bien naturelle, après l'interminable nuit pendant laquelle nous avions lutté contre la mort.

— Ma foi, je dormirais bien, dit Conseil.

— Et moi, je dors ! répondit Ned Land.

Mes deux compagnons s'étendirent sur le tapis de la cabine, et furent bientôt plongés dans un profond sommeil.

Pour mon compte, je cédai moins facilement à ce violent besoin de dormir. Trop de pensées s'accumulaient dans mon esprit, trop de questions insolubles s'y pressaient, trop d'images tenaient mes paupières entrouvertes ! Où étions-nous ? Quelle étrange puissance nous emportait ? Je sentais – ou plutôt je croyais sentir – l'appareil s'enfoncer vers les couches les plus reculées de la mer. De violents cauchemars m'obsédaient. J'entrevoyais dans ces mystérieux asiles tout un monde d'animaux inconnus, dont ce bateau sous-marin semblait être le congénère, vivant, se mouvant, formidable comme eux !... Puis, mon cerveau se calma, mon imagination se fondit en une vague somnolence, et je tombai bientôt dans un morne sommeil.

LES AVENTURES DE HUCKLEBERRY FINN

MARK TWAIN

Huckleberry Finn, jeune vagabond qui refuse la civilisation, vit sur les bords du Mississippi dans les années qui précédent la guerre civile aux États-Unis. Il est le meilleur ami de Tom Sawyer avec qui il a découvert un trésor de douze mille dollars qu'ils se sont partagés. À la suite de cette découverte, l'argent de Huck a été placé à la banque par un juge, et le jeune garçon, dont le père a disparu, a été adopté par la veuve Douglas qui entreprend de l'éduquer. Habitué à une grande liberté, Huck a bien du mal à s'adapter à sa nouvelle vie qu'il trouve très contraignante. Mais très vite, le bruit de sa fortune fait ressurgir son père, un ivrogne brutal et vénal, qui le kidnappe et le séquestre dans une cabane cachée au fond des bois. Ils mènent tous deux une existence de chasse et de pêche qui aurait mieux convenu à Huck que le protocole étouffant de la veuve Douglas, si les coups incessants assénés par son père sous l'emprise de la boisson ne l'avaient finalement poussé à s'échapper. Pour empêcher sa tutrice et son père de le rattraper, il simule alors son propre assassinat, et descend le fleuve en canoë jusqu'à l'île Jackson qu'il sait inhabitée et où il compte se faire oublier. Après quelques jours, il découvre qu'il n'est en réalité pas seul sur l'île. Jim, un esclave en fuite, s'y cache lui aussi. Très vite, des liens forts se nouent entre les deux fugitifs qui se promettent mutuellement de ne pas se dénoncer.

Je voulais explorer un endroit que j'avais remarqué au beau milieu de mon île durant ma promenade de la veille. Jim se décida à me suivre, et nous fûmes bientôt arrivés, car l'île Jackson n'a que trois milles de long. L'endroit en question était une crête qui s'élevait à une hauteur de quarante pieds environ. Nous eûmes de la peine à grimper. La pente devenait de plus en plus raide à mesure que nous montions et les buissons épineux nous barraient parfois la route. Parvenus au sommet, nous nous trouvâmes en face d'une caverne creusée dans le roc et qui s'ouvrait du côté du Missouri. Elle n'était pas très grande ; mais Jim pouvait s'y tenir debout et on n'y avait pas trop chaud. Mon compagnon parut ravi de cette découverte. Il me proposa de repartir aussitôt pour récupérer nos provisions et nous installer dans la grotte.

— Il n'y a qu'à amarrer le canot juste en face de l'endroit où nous sommes, me dit-il. D'ici, je verrai arriver les curieux de loin, s'il en vient, et nous serons sur la côte de l'Illinois avant qu'ils aient abordé. Et puis les oiseaux nous ont avertis qu'il va pleuvoir. Quand la pluie tombe dans cette saison, elle tombe bien ; les provisions seront perdues.

Je n'avais pas besoin de l'avis des oiseaux pour deviner que le temps allait changer, et je savais aussi que les gens qui se mettraient en quête de Jim partiraient de Saint-Pétersbourg, c'est-à-dire du côté du Missouri. Je me laissai donc convaincre. La barque, amenée jusqu'au milieu de l'île, fut cachée sous les saules. Jim se chargea de ce qu'elle contenait et regagna la caverne, où je ne tardai pas à le rejoindre avec deux poissons qui avaient mordu à nos lignes.

L'entrée de notre grotte était si large que nous ne manquions ni d'air ni de jour.

D'un côté de la porte – il n'y avait pas de porte, mais ça ne fait rien – un bout de rocher plat s'avançait au dehors, comme pour nous servir de cuisine. Jim alluma son feu sur cette dalle, que les buissons protégeaient contre le vent, et notre dîner fut vite préparé. Une fois notre garde-manger de fortune établit dans le fond de la caverne, nous avions étendu des couvertures par terre, près du foyer, car le sol semblait un peu humide. Nous mangeâmes d'aussi bon appétit que si nous avions été dans le plus beau salon de la veuve. Lorsqu'on a faim, on se passe fort bien de table. Une table nous aurait même gênés, puisque les chaises manquaient aussi.

Peu à peu, le ciel s'assombrit, puis ce furent des coups de tonnerre à vous assourdir, des éclairs à vous aveugler. Enfin, la pluie se mit à tomber à torrents. Les oiseaux ne s'étaient pas trompés. Je n'ai jamais entendu le vent souffler si fort. Tantôt, au-dessous de nous, les branches des arbres se courbaient sous l'averse ; tantôt une rafale les relevait et les tordait. Un moment on ne voyait presque rien ; le moment d'après, *frst* ! tout avait l'air de flamber et j'apercevais au loin les arbres qui agitaient leurs branches. Une seconde plus tard, c'était la bouteille à l'encre, même à vingt pas de la caverne. Alors le tonnerre recommençait à gronder ; on aurait dit un tas de barriques vides roulant de haut en bas d'un escalier.

— Eh bien, Jim, dis-je à mon compagnon qui ne se montrait pas trop rassuré, est-ce que l'orage t'a coupé l'appétit ? Est-ce que tu ne te crois pas à l'abri ?

— Ah ! répliqua-t-il, vous ne seriez pas à l'abri sans Jim. Nous serions tous les deux dans le bois et à moitié noyés.

Après l'orage, le fleuve continua à monter pendant dix

ou douze jours, et une bonne partie de l'île fut inondée. Je ne parle pas seulement des berges ; même à l'intérieur, la pluie avait laissé dans les bas-fonds une foule de petits lacs de trois ou quatre pieds de profondeur. Les rives de l'Illinois étaient complètement submergées, et, de ce côté, le Mississippi avait maintenant plusieurs milles de large ; mais la distance qui nous séparait du Missouri restait à peu près la même, parce que le terrain formait dans cette direction une sorte de mur qui empêchait l'eau de s'étendre.

Le jour, nous nous promenions en canot sur notre île. Il faisait très frais dans le bois, même lorsque le soleil desséchait les endroits découverts. Le canot se faufilait entre les arbres et quelquefois les lianes devenaient si pressées qu'il fallait reculer pour s'ouvrir un passage ailleurs. Sur les tertres ou sur les troncs d'arbres abattus qui sortaient de l'eau, on voyait des lapins et d'autres bêtes ; la faim les apprivoisait joliment, et je crois qu'ils ne demandaient qu'à se laisser prendre. Il y avait aussi des tortues ; mais elles glissaient dans l'eau à notre approche. Les serpents ne manquaient pas non plus ; nous en rencontrions jusque sur le plateau où se trouvait la caverne.

Un soir – nous évitions autant que possible de sortir du bois en plein jour – Jim poussa un cri de joie à la vue d'un radeau échoué sur la rive. Quand je dis un radeau, je me trompe ; ce n'était que la moitié d'un grand train de bois qui avait dû se détraquer pendant l'orage et qui venait sans doute d'une des grandes scieries établies au-dessus de Saint-Pétersbourg. En effet, il se composait de planches de sapin très unies et assez solidement attachées. Il mesurait bien douze pieds de large sur quinze ou seize de long, avec une petite plate-forme très commode pour ceux qui tenaient à rester les pieds secs.

— Il n'y a pas de quoi se frotter les mains, dis-je à Jim. Les planches ne se mangent pas. Elles rapporteraient gros dans un chantier ; par malheur, il faudrait aller loin pour les vendre.

— Justement, *massa* Huck ! J'espère que nous irons assez loin quand l'eau baissera un peu, et, sur le Mississippi, il vaut mieux voyager sur un bon radeau que dans une coquille de noix. Et puis, l'île Jackson est trop près de la ville. Je voudrais déjà être parti. Personne ne viendra vous chercher ici, parce qu'on vous croit mort ; moi, c'est une autre histoire.

— Pas du tout, Jim. Comme je ne suis pas mort, on nous prendrait du même coup et on me ramènerait là-bas. Sois tranquille, je ne tiens pas plus que toi à être pris. En attendant, ton idée n'est pas mauvaise ; fixons le radeau de façon à ce qu'il ne s'envole pas.

Le lendemain, vers l'aube, nous allâmes lever nos lignes. Devinez un peu ce que nous vîmes arriver le long de la côte de l'Illinois ? Une maison ! ou du moins le haut d'une maison en bois qui suivait lentement le courant. Dieu sait comment elle avait été entraînée et comment elle se soutenait sur l'eau. Sans doute, elle flottait sur des troncs d'arbres accrochés en route et qui ralentissaient sa marche. Elle était à deux étages et penchait en avant. Nous l'atteignîmes en pagayant, et, à défaut de porte, Jim entra par une croisée qu'il enfonça avec son aviron. Il ne faisait pas encore assez clair pour bien voir à l'intérieur ; nous attachâmes le canot à l'arrière de l'épave et nous nous assîmes. Le jour vint avant que nous eussions atteint la pointe de l'île. Alors, en regardant par la fenêtre, nous distinguâmes un lit, une table, des chaises renversées et une foule d'objets qu'on semblait avoir jetés au hasard sur le parquet. Quelque chose gisait dans le coin le plus éloigné de la croisée ; ça avait l'air d'un homme endormi.

— Holà ! hé ! cria Jim.

Rien ne bougea. Je criai à mon tour ; puis Jim sauta dans la chambre.

— Il ne dort pas, me dit-il au bout d'un instant. Non, ma foi. Il a reçu une balle dans la poitrine et il doit être mort depuis deux ou trois jours. Je vais vous aider à grimper ; mais ne le regardez pas, Huck.

Il s'était dépêché de jeter un bout de tapis sur le corps ; il aurait pu s'en dispenser ; je n'éprouvais pas la moindre envie de regarder.

— Tiens, lui dis-je en lui montrant un masque de drap noir que je venais de ramasser, c'est la bande dont mon père a parlé qui a fait le coup.

— Tant pis, répliqua Jim ; ces gredins ne laissent derrière eux que ce qui ne vaut pas la peine d'être emporté.

Les gredins paraissaient avoir tout bousculé ; mais ils n'avaient pas tout emporté. Accrochés aux murs, il y avait des robes, des jupes et quelques habits d'homme à ma taille. Ils arrivaient à propos, car mes vêtements tombaient en loques. Nous ramassâmes aussi une hachette, des livres, un couteau de poche, un paquet de chandelles, un chandelier de cuivre, une gourde, deux tasses d'étain, un couvre-pieds rapiécé, un marteau, des clous, un collier de chien, une ligne de pêche aussi épaisse que mon petit doigt, un fer à cheval, une cruche à moitié pleine de whisky ; tout cela pouvait servir. Notre dernière trouvaille fut une jambe de bois ; elle était trop courte pour Jim, trop longue pour moi, et les courroies manquaient ; à part ce défaut, c'était une très belle jambe. J'eus beau chercher, je ne parvins pas à mettre la main sur l'autre.

Quand nous fûmes prêts à pousser au large, nous nous trouvions à un quart de mille du pied de l'île et il faisait déjà grand jour. J'obligeai Jim à se coucher au fond du canot, parce que, s'il était resté assis, on aurait reconnu un nègre d'assez loin. J'avais traversé le fleuve des centaines de fois et j'étais bon rameur ; sans quoi, je ne serais peut-être jamais parvenu à me rapprocher des côtes de l'Illinois. Je finis par regagner l'eau dormante au bord de l'île ; mais je me sentais joliment fatigué. Jim prit à son tour les avirons et nous arrivâmes sains et saufs à notre point de départ.

Après déjeuner, j'adressai une foule de questions à Jim au sujet du mort que le courant emportait au loin. Je cherchais à deviner si c'était un des voleurs ou s'il avait été tué par eux. Le nègre détourna la conversation.

Je me mis à examiner une espèce de houppelande qui

semblait avoir été taillée dans une vieille couverture de laine. Après l'avoir décrochée avec d'autres vêtements pendus aux murs de la maison flottante, je l'avais jetée de côté ; mais Jim s'était obstiné à l'emporter. Je découvris, cousus dans la doublure du collet, huit dollars en argent.

— Eh bien, demandai-je au nègre, soutiendras-tu encore qu'il ne faut jamais toucher à une peau de serpent ? Je t'ai raconté avant-hier que j'ai trouvé une peau de serpent sur le plateau, à l'entrée de la caverne, et que je l'ai écrasée entre mes doigts. Tu as prétendu que rien ne portait malheur comme de manier ces machines-là. Tu vois que c'est tout le contraire.

— Attendez un peu, Huck, ça viendra ; rappelez-vous que je vous l'ai dit, ça viendra.

Il ne se trompait pas et je n'eus pas le temps d'oublier sa prédiction. Il me l'avait faite un mercredi. Le vendredi suivant, comme nous étions assis sur l'herbe à l'entrée de la grotte, je me levai pour aller chercher du tabac. La première chose que j'aperçus fut un serpent à sonnettes. C'était peut-être celui qui avait changé de peau quelques jours auparavant. En tout cas, il m'aurait certes porté malheur, si je ne l'avais pas tué. Je le plaçai à côté de la couverture de Jim. Roulée sur elle-même, sa tête plate en l'air, la vilaine bête paraissait prête à s'élancer, et je ne pus m'empêcher de rire d'avance de la peur qu'elle causerait au nègre.

Une heure après, je n'y songeai plus. Quand Jim se jeta sur sa couverture, il y avait là un second serpent qui le piqua. Jim se redressa en hurlant, et, dès que j'eus allumé la chandelle, je vis le crotale se tortiller autour de sa jambe, tout prêt à le mordre de nouveau. En un clin d'œil, je passai un bâton sous un des replis, un coup de couteau fit le reste. Jim empoigna la cruche de whisky et avala gorgée sur gorgée, ne s'arrêtant que lorsque la respiration allait lui manquer.

— Prends garde, Jim, lui dis-je. Tu n'es pas habitué à boire. Si tu continues, tu tomberas bientôt ivre mort.

— Tant mieux, répliqua-t-il, c'est le meilleur remède. Vous me roulerez dans ma couverture et vous me laisserez transpirer. En attendant, coupez un petit bout de la bête qui m'a mordu, ôtez la peau et faites-le rôtir. Je le mangerai, ça aidera aussi. Et puis vous enlèverez les crochets pour me les attacher autour du poignet.

Mon pauvre Jim avait toujours, à juste titre, passé pour un modèle de sobriété. Ce soir-là, tout en m'adressant ses recommandations, il s'interrompait sans cesse pour porter à ses lèvres le goulot de la cruche. Il s'arrêtait de temps à autre, se mettait à hurler et à danser, puis recommençait à boire. Il était nu-pieds et avait été mordu au talon. Heureusement, sa jambe n'était pas trop enflée, et je lui dis que c'était bon signe.

— Oui, murmura-t-il ; mais j'ai beau me brûler le gosier, la tête ne me tourne pas, et c'est mauvais signe.

Enfin le whisky finit par produire son effet habituel et j'enveloppai Jim dans sa couverture. Il demeura couché pendant trois jours, puis le gonflement disparut. Il attribua sa guérison au rôti que je lui avais servi ; mais je crois que le whisky y fut pour quelque chose.

Au bout d'une semaine, le fleuve rentra dans son lit. Nos provisions diminuaient ou se gâtaient ; cependant, le poisson et les œufs de tortue ne manquaient pas. Un matin, j'eus l'idée d'accrocher un morceau de lard rance à un des hameçons de notre grosse ligne. Nous prîmes un énorme poisson nommé chat marin, qui mesurait au moins six pieds de long et qui faisait des bonds à nous envoyer sur la côte de l'Illinois. Nous le regardâmes se débattre jusqu'à ce qu'il se fût noyé, et nous eûmes de la peine à l'amener à terre, tant il était lourd. Il aurait valu beaucoup d'argent à Saint-Pétersbourg, car sa chair, blanche comme la neige, fait de fameuses grillades.

Le lendemain, il n'y avait qu'un brochet sur nos lignes, et, le surlendemain, un second brochet. Le temps commençait à me paraître long. Je ne m'ennuyais guère davantage dans la cabane de mon père. Jim débitait sans cesse les mêmes histoires.

Je me félicitai d'avoir été à l'école ; sans les livres que nous avions emportés, je me serais démonté la mâchoire à force de bâiller. Ils étaient presque tous amusants, excepté un, où l'on racontait comment on a coupé la tête à Louis XVI, je ne sais pas pourquoi. Jim aimait mieux l'histoire de Robinson Crusoé.

— Et tout cela est vrai ? me demanda le nègre.

— Parbleu ! puisque c'est imprimé.

— Alors Robinson a choisi un mauvais nom pour ce bon Vendredi.

— C'est vrai ; mais tu peux être sûr que Robinson n'a pas voulu lui porter malheur ; il l'aurait appelé Dimanche, s'il l'avait rencontré pour la première fois ce jour-là. Je parie aussi, qu'en dépit de ses chèvres et de son perroquet, il ne serait pas resté huit jours dans son île s'il avait eu un canot et s'il avait aperçu Saint-Pétersbourg du haut de sa caverne. Tom Sawyer non plus, je t'en réponds. Il aurait tenu à savoir ce qui se passe là-bas, et j'ai bien envie de traverser le fleuve un de ces soirs.

Jim désirait autant que moi savoir ce qui se passait de l'autre côté du Mississippi ; cependant l'idée ne parut guère lui sourire.

— On n'a pas eu le temps de vous oublier, me dit-il, et, pour découvrir quelque chose, il faudra parler aux gens.

— Tu penses bien que je ne m'adresserai pas au premier venu. D'ailleurs, j'ai de bonnes jambes ; il n'y a pas de canots au bas de la ville, et le nôtre sera là.

— Alors, il faudra que je vous attende au bas de la ville ?

— Pas du tout, répliquai-je. Tu m'attendras ici, et tu fileras sur le radeau, si je ne suis pas revenu avant qu'il fasse grand jour. Tu emporteras ce qui reste de provisions, les huit dollars, le fusil, et tu tâcheras de gagner les États libres.

— Oh ! je sais conduire un radeau et je me tirerai bien d'affaire tout seul. C'est pour vous que je crains, *massa*

Huck. Vous voilà presque aussi bien habillé que chez la veuve et ça ne vous change pas assez... Au fait, il y aurait un moyen... Si vous mettiez une des robes qui sont là ?

— Décidément, Jim, tu n'es pas bête ! m'écriai-je. Tom Sawyer lui-même n'aurait pas trouvé mieux.

Jim, comme beaucoup de nègres, savait coudre. Il se mit aussitôt à l'œuvre et eut bientôt arrangé à ma taille une robe de calicot et un jupon ramassés dans la maison flottante. Je ramenai le bas de mon pantalon jusqu'aux genoux ; les vêtements de contrebande furent passés par-dessus ma tête et Jim agrafa la robe derrière mon dos.

Elle paraissait avoir été faite pour moi. Un grand chapeau de campagne, dont j'attachai les rubans sous mon menton, compléta mon costume. Jim déclara que personne ne me reconnaîtrait, même en plein jour ; seulement, il m'engagea à ne pas tenir les coudes en l'air et à sautiller un peu au lieu de faire de longues enjambées. Il me recommanda aussi de ne pas relever ma robe pour tirer mon couteau ou mon tabac de ma poche.

Cela n'est pas commode de marcher avec des jupes qui vous battent les mollets. Je me sentis d'abord très gêné ; mais, après m'être exercé pendant quelque temps en m'aidant des conseils de Jim, je m'y habituai si bien qu'il me sembla que je pourrais regarder les gens en face sans trahir le moindre embarras.

Vers la tombée de la nuit, je partis dans le canot en longeant la côte de l'Illinois. Je traversai le fleuve un peu au-dessous de l'embarcadère du bac et le courant m'amena au bas de la ville. J'amarrai la barque dans une anse où j'avais souvent pêché, puis je gravis la berge. Une lumière brillait à la croisée d'une petite maison qui, lors de mon départ, se trouvait depuis longtemps sans locataire. Je m'approchai à pas de loup et, regardant par la fenêtre, j'aperçus une femme d'une quarantaine d'années qui tricotait à la lueur d'une chandelle. Je ne l'avais jamais rencontrée. C'était donc une étrangère, car je connaissais au moins de vue tous les habitants de Saint-Pétersbourg.

Le hasard me favorisait. En m'adressant à cette femme, je ne courais aucun risque, et, si court qu'eût été son séjour dans la petite ville, elle pourrait sans doute m'apprendre ce que je voulais savoir. Aussi frappai-je sans hésiter à la porte, bien décidé à ne pas oublier que j'étais une fille.

***

— Entrez, cria la femme.

J'entrai, et, après m'avoir regardé un instant, elle me dit de prendre une chaise.

— Comment t'appelles-tu ? me demanda-t-elle.

— Sarah Williamson.

— Tu demeures dans la ville ?

— Non, Madame. Je suis de Hookerdale, à sept milles plus bas. J'ai fait le chemin à pied et je tombe de fatigue.

— Et tu as faim, je parie ? Heureusement, le garde-manger n'est pas vide.

— Merci, Madame ; ce n'est pas la peine de vous

déranger. J'avais si faim que j'ai dû m'arrêter dans une ferme à deux milles d'ici. Voilà pourquoi j'arrive si tard. Ma mère est malade ; elle n'a plus d'argent, et je viens trouver mon oncle Abner Moore. Il demeure tout en haut de la ville, à ce qu'elle m'a dit. C'est la première fois que je lui rends visite. Vous devez le connaître ?

— Abner Moore ? Non. Il n'y a pas deux semaines qu'il a fallu quitter notre belle ferme de l'Ohio pour venir habiter cette bicoque, de sorte que je ne suis pas à même de te renseigner. Le plus simple, c'est de passer la nuit ici. Là, ôte ton chapeau.

— Non, non ; merci, Madame. Laissez-moi seulement me reposer un instant.

— Eh bien, mon mari sera de retour dans une heure ou une heure et demie. Il en sait peut-être plus que moi, et il t'accompagnera un bout de chemin.

Cela lui laissait le temps de causer et je n'en demandais pas davantage. Elle se mit à parler de sa belle ferme, de son mari et de ses affaires, qui ne m'intéressaient pas le moins du monde. J'étais très embarrassé, car je n'osais pas l'interroger, de peur de lui donner l'éveil. Enfin, au moment où je désespérais d'obtenir d'elle un renseignement quelconque, la voilà qui commence, je ne me souviens plus à propos de quoi, à me raconter – avec beaucoup d'enjolivements – ma propre histoire. J'appris que j'avais trouvé vingt mille dollars, que j'étais un mauvais garnement, et que mon père ne valait guère mieux. Lorsqu'elle arriva à l'assassinat, je lui dis :

— Là-bas, à Hookerdale, un colporteur nous a parlé de ça ; mais il ne savait pas qui a tué ce pauvre garçon.

— Je crois bien, personne ne le sait. Pas l'ombre d'une piste ! J'ai une voisine qui pense que c'est un nègre évadé du nom de Jim.

— Jim ! m'écriai-je.

J'allais protester. Je jugeai prudent de m'abstenir, et elle continua :

— Oui, un nègre nommé Jim, qui s'est sauvé la nuit même de l'assassinat. On l'a soupçonné tout d'abord. Bientôt, le vent a tourné et on le soupçonne moins, parce que la police a reconnu qu'il devait y avoir plusieurs complices.

— Et le père de Huck est revenu ?

— Certainement. C'est lui qui a mis la ville sens dessus dessous en annonçant le meurtre, comme je te l'ai dit ; mais il est reparti au bout de deux jours, après avoir extorqué de l'argent au tuteur de son fils. On s'étonne de ne pas le revoir, car il entend hériter, et le procès pourrait bien tourner en sa faveur. Quant à Jim, on finira par le prendre.

— On le cherche donc toujours ?

— Innocente, va ! Un nègre évadé ! On offre une récompense de trois cents dollars à qui le ramènera. Il y a des gens qui s'imaginent qu'il n'est pas loin, et j'en suis, quoique je garde mon opinion pour moi. L'autre jour, je causais avec une vieille qui me vend quelquefois du poisson et je lui ai parlé par hasard de l'île Jackson, une petite île que tu pourrais apercevoir d'ici, s'il faisait plus clair. Elle m'a dit que personne n'y demeurait. Je n'ai rien répondu ; mais ça m'a donné à penser. J'étais sûre d'avoir vu de la fumée s'élever au-dessus des arbres un jour ou deux auparavant. L'idée m'est venue que le nègre se cache là-bas. Je n'ai pas vu de fumée depuis, et il a peut-être filé. Par malheur, mon mari se trouvait absent ; ce matin, à son retour, je l'ai prévenu et nous en aurons bientôt le cœur net.

Cette confidence me causa une telle inquiétude que je me sentis tout décontenancé. Je ne savais que faire de mes mains. Je pris une aiguille sur la table et je voulus l'enfiler. Mes doigts tremblaient trop ; je n'y parvins pas. Quand mon hôtesse cessa de parler, je levai les yeux et je vis qu'elle m'examinait curieusement, en souriant un peu. Je remis l'aiguille sur la table et je dis, d'un ton que je cherchai à rendre indifférent :

— Trois cents dollars, c'est une grosse somme. Je voudrais en rapporter autant à ma mère. Est-ce que votre mari partira ce soir ?

— Je l'espère bien. Il est allé à la ville, avec l'ami dont je t'ai parlé, pour louer un canot et tâcher d'emprunter un second fusil.

— S'ils attendaient le jour, ils verraient mieux.

— Oui, mais le nègre verrait mieux, lui aussi. Après minuit, il sera sans doute endormi ; dans l'obscurité, ils pourront se glisser à travers les arbres et découvrir son feu de camp sans lui donner l'éveil.

— C'est vrai ; je ne songeais pas à ça.

Elle continuait à me regarder d'un air intrigué, ce qui augmenta mon embarras. Tout à coup elle me demanda :

— Comment m'as-tu dit que tu t'appelles ?

— Mary Williamson.

— Mary ? Je croyais que tu avais dit Sarah quand tu es entrée ?

— Oui, Madame. Sarah-Mary Williamson. Sarah est mon premier nom. Quelquefois on m'appelle Sarah, quelquefois Mary.

— Ah ! très bien ; je comprends.

Sa réponse me remit à mon aise, mais je n'osai pas encore la regarder en face. J'aurais bien voulu m'en aller. Mon embarras fut de courte durée. L'instant d'après, elle me parla d'autre chose. Elle se plaignit de son mari, qui n'avait pourtant qu'un seul défaut : la passion du jeu. C'est pour cela qu'elle était réduite à habiter une maison où les rats semblaient se regarder comme chez eux. J'ignore si elle avait raison de blâmer son mari. Pour les rats, je ne pouvais pas lui donner tort. La chandelle n'éclairait pas assez pour leur faire peur et à chaque instant on les voyait se montrer à l'entrée de leurs trous.

— Une voisine m'a donné un beau chat, reprit mon hôtesse, et il s'est sauvé au bout d'une heure. Il aura eu peur d'être mangé. Je suis obligée d'avoir sans cesse sous la main quelque chose à leur lancer, sans quoi ils ne me laisseraient pas tranquille. Voilà ce que j'ai trouvé de mieux, ajouta-t-elle en me montrant une lame de plomb roulée en boule. Je vise assez bien, lorsque mon rhumatisme ne me gêne pas.

Là-dessus, elle attendit une occasion ; mais elle manqua le but et cria : « Ouche ! » tant son bras lui faisait mal.

Je ne pus m'empêcher de rire.

— Essaie un peu, dit-elle ; tu verras que ça n'est pas trop facile, rhumatisme à part.

Je tenais à déguerpir avant que son mari ne revînt ; mais je n'osai pas refuser. Je pris le morceau de plomb, et le premier rat qui s'aventura hors de son trou serait rentré chez lui assez malade s'il avait attendu une seconde ou deux de plus.

— À la bonne heure, dit mon hôtesse, tu as mieux visé que moi. Ils n'en seront pas tous quittes pour la peur, je le parierais.

Là-dessus, elle va ramasser le morceau de plomb et rapporte en même temps un écheveau de fil qu'elle me prie de l'aider à dévider. Je tends les bras et elle se remet à causer de ses affaires, puis elle s'interrompt pour me dire :

— Attention aux rats !... Mais il faut avoir son arme sous la main.

Tout en parlant, elle laisse tomber le plomb sur mes genoux. Naturellement, je serre les jambes et elle continue à jacasser. Au bout d'une minute, elle s'arrête de nouveau, enlève l'écheveau, me regarde entre les deux yeux et me demande d'un ton amical :

— Voyons, quel est ton vrai nom ?

— Comment, Madame ?

— Oh ! tu me comprends très bien. Quel est ton vrai nom ? T'appelles-tu Jacques, ou Pierre, ou Jean ?

Je me figure que je dus trembler un peu et je ne savais que répondre ; enfin, je dis en me levant :

— Ne vous moquez pas d'une pauvre fille, Madame ; si je vous gêne, je…

— Non, tu ne t'en iras pas comme ça. Assois-toi et reste où tu es. Tu n'as rien à craindre de moi ; je garderai ton secret ; je te viendrai même en aide, et mon mari aussi, s'il peut t'être utile. Je vois bien que tu es un apprenti et que tu as pris la clef des champs. Tu as planté là ton maître, hein ? J'ai eu un fils qui aurait ton âge, s'il vivait encore, et il en a fait autant. Le mal n'est pas grand. On t'a maltraité et tu es parti sans dire au revoir ? Allons, raconte-moi tout ; ce n'est pas moi qui te dénoncerai.

Je n'étais plus embarrassé. L'histoire qu'elle venait de me suggérer arrivait fort à propos.

— Eh bien, je vais tout vous raconter, répliquai-je, car je suis sûr que vous tiendrez parole et que vous ne me trahirez pas. Ma mère est morte, mon père a disparu, et on m'a mis en apprentissage chez un fermier, à une trentaine de milles d'ici. Cela m'ennuyait d'être battu et je n'y tenais plus. Il est parti pour un voyage de trois ou quatre jours ; j'ai profité de l'occasion pour prendre ces vieilles nippes que sa fille laissait traîner au fond d'une malle, et…

— Tu n'as jamais pu agrafer cette robe tout seul. Qui t'a aidé ?

— Un nègre qui m'a conseillé de me déguiser. Je crois que mon oncle Abner Moore me recevra volontiers chez lui. Il m'a reproché de n'être jamais venu le voir depuis qu'il habite Goschen.

— Goschen, mon pauvre garçon ? Tu es à Saint-Pétersbourg, à dix milles de Goschen. Qui donc t'a si mal renseigné ?

— Un homme que j'ai rencontré ce matin. Je ne craignais pas de me tromper de route, car je sais qu'il n'y a qu'à suivre le fleuve. Je lui ai seulement demandé si j'avais encore loin à aller et il m'a dit...

— Enfin, il s'est trompé ou bien il avait bu.

— Je crois plutôt que c'est moi qui ai mal compris. En tout cas, il faut me remettre en route ; mon oncle serait inquiet.

— Inquiet ? Il ne t'attend pas.

— Oh ! si, Madame ; du moins, je lui ai écrit avant de partir.

— Bien sûr ! Alors, tu peux me laisser son adresse ? Nous allons voir.

J'écrivis tant bien que mal l'adresse de mon oncle sur un bout de papier : Abner Moore, forgeron à Goschen, Missouri. Cette épreuve ne suffit pas pour convaincre mon hôtesse.

— Il doit y avoir des vaches dans la ferme d'où tu viens ? me demanda-t-elle brusquement.

— Certainement, Madame ; des vaches, des moutons, des chevaux, des poules, des…

— Alors, réponds vite, sans prendre le temps de réfléchir. Lorsqu'une vache est couchée, comment se remet-elle debout ?

— Sur ses jambes de derrière, Madame.

— Et un cheval ?

— Sur ses jambes de devant, parbleu !

— De quel côté des arbres pousse-t-il le plus de mousse ?

— Du côté du nord.

— Bon ; je vois que tu as vécu à la campagne. Je croyais que tu cherchais de nouveau à me tromper. Maintenant, dis-moi ton nom.

— Georges Peters.

— Tâche de ne pas l'oublier. Tu ne te tirerais plus d'affaire en soutenant que tu t'appelles Georges-Alexandre, lorsque je te surprendrai à mentir. Encore un conseil. Avant de vouloir passer pour une fille, apprends à enfiler une aiguille. Approche le fil de l'aiguille et non pas l'aiguille du fil. Et, quand tu viseras un rat ou autre chose, ne te contente pas de rejeter le bras en arrière et de jouer du coude et du poignet. Dresse-toi sur la pointe des pieds, lève la main au-dessus de la tête aussi maladroitement que possible, abaisse le bras tout d'une pièce, comme s'il tournait sur un pivot, et manque ton rat de cinq ou six pieds. Et rappelle-toi surtout que, quand une femme est assise, elle n'a pas besoin de serrer les genoux pour retenir un bout de plomb qu'on jette sur sa jupe. Vois-tu, j'ai su à quoi m'en tenir dès que tu t'es mis à enfiler cette aiguille ; mais je tenais à être sûre de ne pas me tromper. À présent, Sarah-Mary Williamson, Georges-Alexandre Peters, tu peux profiter du clair de lune pour partir et rejoindre ton oncle. Je te souhaite un bon accueil. Si tu te retrouves dans l'embarras, envoie un mot à Madame Judith Loftus – c'est mon nom – et nous tâcherons de t'en tirer. En attendant, la faim vient vite à ton âge ; j'ai là des sandwiches tout faits que tu vas emporter.

Je me sentais si honteux d'avoir débité tant d'histoires à cette brave dame, que je voulus refuser. Je n'avais vraiment pas faim. Mais elle me fourra le paquet de sandwiches dans la main et je me laissai faire, car je craignais de voir arriver son mari. Elle me retint encore quelques minutes afin de me renseigner d'une façon très précise sur la route à suivre pour arriver en droite ligne au but de mon voyage. Je ne pouvais pas lui dire que je connaissais le chemin beaucoup mieux qu'elle et que d'ailleurs j'avais l'intention d'en prendre un autre. Après l'avoir remerciée, je suivis la berge pendant une cinquantaine de yards, puis je revins sur mes pas jusqu'au canot, qui se trouvait à peu de distance de la maison, et je partis en toute hâte. Je ramai contre le courant assez loin pour qu'il me ramenât à la tête de l'île. Je jetai au loin mon chapeau – je n'avais pas besoin d'œillères. Parvenu vers le milieu du fleuve, je crus entendre tinter une horloge et je m'arrêtai pour écouter… Un, deux, trois…

Onze heures !... Il n'y avait pas de temps à perdre. Lorsque j'eus atteint la pointe de l'île, je ne m'attardai pas pour reprendre haleine, bien que je fusse presque essoufflé. Je poussai jusqu'à mon ancien camp, je me débarrassai en un clin d'œil de ma robe, et j'allumai un grand feu. Dès qu'il commença à flamber, je sautai dans la barque. L'endroit où nous avions amarré le traîneau était à un mille et demi plus bas. Il ne me fallut pas longtemps pour accomplir le trajet en pagayant le long de la rive. Là, je débarquai, je filai à travers les arbres et je grimpai la colline au pas de course. Jim, enveloppé dans sa couverture, dormait à poings fermés. Je le réveillai en criant :

— Debout, Jim ! J'ai bien fait d'aller là-bas. Il s'agit de déménager au plus vite. On est à nos trousses.

Jim ne m'adressa pas une seule question ; il ne dit pas un mot ; mais la façon dont il travailla durant la demi-heure qui suivit me prouva qu'il m'avait bien compris et qu'il ne voulait pas se laisser surprendre. Au bout de trois quarts d'heure, tout ce que nous possédions se trouvait à bord de notre radeau, que nous avions mis à flot sous les saules, prêt à être lancé au bon moment. Mon premier soin avait été d'éteindre le feu à l'entrée de la grotte et l'on ne pouvait pas voir notre chandelle du dehors.

Je m'éloignai un peu de la côte dans le canot et je me tins aux aguets. Rien ne bougeait. Ma vue ne portait pas à une très grande distance à cause d'un léger brouillard qui commençait à se lever ; mais le brouillard n'empêche pas d'entendre. Du reste, je comptais bien que M. Loftus, s'il mettait son projet à exécution, ne s'amuserait pas à faire le tour de l'île. Il débarquerait certainement de l'autre côté, en face de Saint-Pétersbourg. La voie était donc libre. Jim détacha le traîneau et nous glissâmes à l'ombre des arbres, le canot à la remorque, sans prononcer une parole jusqu'à ce que nous eussions dépassé l'île.

LES MINES DU ROI SALOMON

HENRY RIDER HAGGARD

Paru en 1885 en Grande Bretagne, ce roman qui se déroule en Afrique à l'époque victorienne met pour la première fois en scène l'explorateur Allan Quatermain. Très vite, ce personnage de fiction deviendra une figure emblématique de l'aventurier. Il sera par la suite le héros de nombreux autres récits d'aventure dont beaucoup seront adaptés au cinéma.

Si on y réfléchit, il est étonnant que ce soit à cinquante-cinq ans révolus que l'idée me soit venue de prendre la plume et d'essayer d'écrire un livre. Je serais bien curieux de savoir à quoi il ressemblera, si toutefois j'ai la patience d'aller jusqu'au bout. J'ai en effet accompli beaucoup de choses au cours de mon existence, qui me paraît bien longue, puisque j'ai appris très jeune à me débrouiller seul. À l'âge où la plupart des garçons sont encore sur les bancs de l'école, je gagnais déjà ma vie en travaillant dans la vieille colonie du Cap. Depuis, je n'ai pas cessé à un seul moment de m'occuper de chasse, de pêche, de commerce ou d'exploitations minières. Et je ne suis devenu vraiment riche qu'il n'y a huit mois, soit très récemment. J'ignore encore à quel chiffre s'élève ma fortune ; mais je suis en revanche assuré de ne pas vouloir revivre tout ce que j'ai vécu pour la conquérir, même si l'on me garantissait que j'en sortirais indemne. Aujourd'hui, je suis véritablement rassasié d'aventures.

Je me demande en fait pourquoi j'entreprends d'écrire ce livre : c'est une tâche qui ne relève guère de ma compétence, et je m'y connais assez peu en littérature. Il me semble néanmoins apercevoir quelques raisons suffisamment valables pour justifier cette entreprise. J'écris tout d'abord parce que sir Henry Curtis et le capitaine John Good me l'ont demandé, et aussi pour me distraire. Je suis en effet immobilisé à cause de ma jambe gauche, qui continue de me faire souffrir. Depuis ce jour où ce maudit lion y a planté ses crocs, elle n'a jamais complètement guéri, et elle me lance en ce moment encore plus que de coutume, ce qui me fait aussi boiter davantage. Il faut croire que les dents du lion secrètent un certain venin, puisque les blessures qu'elles occasionnent ont toujours tendance, une fois fermées, à se rouvrir, et particulièrement à l'époque même de l'année où l'accident est survenu. J'ai tué soixante-cinq lions dans ma vie, jusqu'à ce que je voie un beau jour le soixante-sixième me mâcher la jambe comme une vulgaire chique de tabac ; cela m'a d'ailleurs profondément vexé.

Une autre des raisons qui me pousse à écrire se tient dans le désir d'amuser mon fils Harry, tout en lui laissant un souvenir de mes aventures. Il est en effet étudiant en médecine à Londres, et la besogne qu'il accomplit dans les hôpitaux – à savoir la dissection de cadavres – doit parfois paraître bien monotone et fastidieuse ; j'ai donc bon espoir que mon histoire, qui ne sera ni l'un ni l'autre, réussira à le distraire durant le temps qu'il la lira. Enfin, il me semble important d'écrire car je me propose de relater ici l'aventure la plus singulière que je connaisse. Mais assez parlé, il est temps maintenant pour moi de commencer mon récit.

Je tenais d'abord à dire, avec un peu d'orgueil peut-être, que je suis le fils d'une bonne et ancienne famille ; c'est la fatalité qui a voulu que je passe ma vie en nomade, occupé à chasser ou à travailler. Je n'en suis pas moins resté un honnête homme, qui craint et respecte Dieu. Jamais, dans toutes mes expéditions, je n'ai attenté à la vie de mon semblable, sauf en cas de légitime défense, et j'ai épargné mon adversaire toutes les fois que je l'ai pu. J'espère que l'on en tiendra compte là-haut. Je dis cela pour que vous sachiez à qui vous avez affaire, lecteur. Le monde en effet est bien méchant et cruel, et le destin s'est chargé de me mêler à beaucoup de carnages.

L'histoire que je vais raconter débute il y a environ dix-huit mois, lorsque je fis la connaissance de sir Henry Curtis et du capitaine Good. À cette époque j'étais parti chasser l'éléphant jusqu'au-delà du Bamangwato, et la chance me fut plutôt contraire. Tout s'était acharné contre moi au cours de cette expédition, j'en avais même attrapé une mauvaise fièvre. Une fois rétabli, je gagnai les champs de diamant, vendis le peu d'ivoire que j'avais récolté ainsi que mon chariot et mes bœufs, congédiai mes chasseurs et me mis en route pour le Cap.

Cette ville m'était déjà familière : j'y visitai le jardin botanique, qui me paraît appelé à rendre de grands services à la colonie, et le magnifique palais du Parlement, qui sera certainement moins utile. Mais la vie d'hôtel ne me convenait pas, et je résolus de retourner chez moi à Durban. Je retenai donc une réservation à bord du *Dunkeld,* et, dans l'après-midi, nous voguions vers Natal. Nous avions accueilli à bord les passagers de *l'Edimburg-Castle,* qui lui venait d'Angleterre. Parmi ceux-ci, deux messieurs attirèrent mon attention. L'un d'eux pouvait avoir trente ans. C'était un solide gaillard aux robustes épaules, avec une large poitrine bombée, des bras nerveux. Il avait les cheveux et la barbe d'une belle couleur blonde, des traits admirablement ciselés, et ses grands yeux gris profondément enfoncés dans leurs orbites donnaient à sa belle physionomie un cachet particulier. Il me fit penser à ces héros scandinaves historiques. J'appris par la suite que sir Henry Curtis – car tel était son nom – descendait effectivement de ces grandes races du Nord, ayant du sang danois dans les veines. Il me rappelait en outre quelqu'un que j'avais connu ; mais je fus incapable de retrouver de qui il s'agissait sur le moment.

Avec ce blond fils d'Albion se trouvait un petit homme brun, gros, rond, l'air bon enfant, que je reconnus tout de suite comme un officier de marine. On les reconnaît à première vue, les marins ; ce sont de braves cœurs, et en général ils valent mieux que les autres hommes. C'est peut-être l'immensité du grand large, le souffle puissant des vents du ciel qui balaient de leurs âmes les impuretés et en font des hommes plus droits, plus honnêtes que les autres. En tous les cas je ne me trompais pas : le compagnon de sir Henry était bien lieutenant de vaisseau. Après dix-sept ans au service de sa Gracieuse Majesté, il avait été mis à la retraite à trente et un ans avec, pour toute compensation, le titre de commandant, au motif qu'il était impossible de lui accorder une promotion. En consultant la liste des passagers, je vis qu'il s'appelait Good – capitaine John Good. Sa bonne figure faisait plaisir à voir. Il était vêtu de façon irréprochable, tiré à quatre épingles et rasé de près ; un monocle, enchâssé dans l'œil droit, tenait là sans cordon, comme s'il faisait partie intégrante de lui.

Ses dents me firent envie, à moi qui ne les ai pas bonnes ; c'était un superbe râtelier, dont je vous prie de prendre note dès maintenant.

Peu de temps après que nous eûmes levé l'ancre, la nuit tomba, nous apportant du fort mauvais temps ; un très vilain brouillard, comme celui qui sévit en Écosse, chassa tous les passagers du pont. J'allai m'abriter près des machines, où il faisait plus chaud, et m'amusai à suivre les mouvements d'un pendule, qui oscillait devant mes yeux tantôt dans un sens, tantôt dans l'autre, suivant les sursauts du bateau.

— Ce pendule ne va pas, il n'est pas bien établi, grommela soudain une voix bourrue tout près de moi.

Je me retournai et me trouvai face à l'officier de marine que j'avais repéré peu de temps auparavant.

— Vous croyez ?

— Je ne crois pas, j'en suis sûr. Vous pouvez être certain que si le bateau avait roulé comme l'indique ce pendule, nous aurions fait une culbute que nous n'aurions pas recommencée ! Ces vaisseaux marchands sont d'une négligence... !

La cloche du dîner retentit alors et je n'en fus pas fâché, car, lorsque les officiers de la marine royale se mettent à déblatérer contre la marine marchande, ça n'en finit plus, et on en entend de toutes les couleurs. Le capitaine Good et moi descendîmes donc nous mettre à table, où nous trouvâmes sir Henry Curtis, déjà installé. Le capitaine s'assit à ses côtés tandis que je prenais place en face d'eux. John Good et moi nous mîmes rapidement à parler de chasse et de différents sujets qui m'étaient familiers ; curieux, il me posa une foule de questions, auxquelles je m'efforçai de répondre du mieux que je le pus. À un moment donné, il aborda la question des éléphants.

— Ah capitaine, dit soudain un voisin, vous êtes entre de bonnes mains, car personne ne saurait vous renseigner aussi sûrement sur les éléphants que le chasseur Quatermain.

Sir Henry, qui jusqu'alors était resté très calme, se contentant d'écouter la conversation, releva la tête.

— Pardon, me dit-il d'une voix grave et profonde, votre nom, monsieur, est-il Allan Quatermain ?

Je lui répondis que oui. Sir Henry ne répliqua rien, mais je vis qu'il m'observait, et, au bout d'un moment, je l'entendis murmurer dans sa barbe blonde.

— C'est un rude chasseur tout de même !

Quand on se leva de table, sir Henry s'approcha de moi et m'invita à l'accompagner à sa cabine pour y fumer une pipe ; j'acceptai sa proposition. Une fois que nous fûmes installés avec du whisky et du tabac, il commença :

— Monsieur Quatermain, n'étiez-vous pas, il y a environ deux ans, dans le Bamangwato, au nord du Transvaal ?

— En effet, dis-je, un peu surpris de voir mon interlocuteur manifester une telle connaissance de mes faits et gestes, d'autant plus que ceux-ci représentaient peu d'intérêt pour les étrangers.

— Vous y faisiez du trafic, n'est-ce pas ? demanda le capitaine avec sa vivacité habituelle.

— Tout à fait. J'avais emmené un chariot chargé de marchandises, établi mon campement devant l'exploitation, et j'étais resté à Bamangwato jusqu'à ce que tout fût vendu.

Sir Henry leva vers moi ses grands yeux, curieusement empreints d'une vive anxiété, et me considéra fixement.

— Vous n'y auriez pas par hasard rencontré un homme appelé Neville ?

— Si, il a campé près de moi une quinzaine de jours, le temps de faire reposer ses bœufs ; il avait l'intention d'aller ensuite vers l'intérieur des terres. Il y a quelque temps, un homme d'affaires m'a écrit à son sujet ; il voulait savoir ce qu'était devenu M. Neville. Je n'avais pas beaucoup de renseignements à lui donner, et je lui ai dit ce que je savais.

— Je le sais, j'ai eu votre réponse entre les mains, dit sir Henry. Vous y expliquiez que M. Neville avait quitté Bamangwato au début du mois de mai, qu'il avait avec lui un chariot avec un conducteur – un *voorloper* – et un chasseur cafre nommé Jim. Ils devaient aller jusqu'à Inyati, le comptoir le plus extrême qui existe en pays matabélé, où il se proposait de se défaire de son chariot afin de poursuivre sa route à pied. Vous ajoutiez qu'il avait vendu son chariot car vous avez revu ce même véhicule en possession d'un marchand portugais, qui vous a dit avoir l'avoir acheté à un homme blanc qui s'aventurait vers l'intérieur avec un serviteur indigène pour une expédition de chasse.

— Tout cela est exact, confirmai-je, parfaitement exact. Il y eut une pause.

— N'avez-vous rien appris depuis lors ? reprit sir Henry après une petite pause. Savez-vous pourquoi M. Neville entreprenait un pareil voyage ? A-t-il dit quel était son but ?

— Je ne sais rien là-dessus de positif, répondis-je, comme quelqu'un qui n'a pas envie de se montrer trop communicatif. Les deux amis se regardèrent.

— Tenez, monsieur Quatermain, autant causer franchement tout de suite. Mon agent d'affaires m'a dit que vous étiez un homme sûr, honnête, discret, et que je pouvais me fier complètement à vous.

Les compliments font toujours plaisir ; je m'inclinai et bus quelques gorgées de whisky pour cacher mon agréable embarras.

— Vous n'avez pas besoin de divulguer ce que je vais vous raconter, mais je vais vous dire tout de suite que M. Neville est mon frère.

— Ah ! m'écriai-je, il me semblait bien que votre figure ne m'était pas étrangère ! C'est votre ressemblance avec M. Neville qui m'a frappé quand je vous ai vu, et je ne retrouvais pas qui votre visage me rappelait.

— Oui, répondit sir Henry avec un soupir, c'est mon seul frère ; nous nous aimions beaucoup, et jamais nous ne nous étions quittés. Mais il y a environ cinq ans, un malheur, comme il en arrive parfois au sein des familles, nous est advenu. Nous nous querellâmes violemment et, aveuglé par la colère, je me suis conduit d'une façon très injuste envers lui.

Le capitaine Good opina énergiquement de la tête.

— Vous savez sans doute, reprit sir Henry après avoir marqué une pause dans son discours, que, dans notre pays, si un homme meurt intestat sans laisser autre chose que des terres, ses biens reviennent de plein droit au fils aîné. Or, il se trouve que mon père mourut peu de temps après que nous ayons eu cette querelle. Il avait toujours reculé la rédaction de son testament, jusqu'à ce qu'il fût un jour trop tard. Il en résulta que mon frère, à qui l'on n'avait jamais enseigné quelque profession, se trouva du jour au lendemain sans le sou. Il est évident que j'aurais dû subvenir à ses besoins, mais je ressentais tellement d'animosité à son égard à ce moment-là, et lui envers moi, que je le dis à ma grande honte, je n'ai rien fait pour lui venir en aide.

— Nous avons tous failli en quelque chose, dis-je.

— Hélas ! continua sir Henry, cette vérité ne répare pas ma faute. Mon frère possédait quelques milliers de francs. Il retira cette misérable somme de la banque, et, sans me dire un mot, partit pour faire fortune au sud de l'Afrique. Au bout de trois ans, ma colère étant retombée, j'essayai d'avoir de ses nouvelles ; mes lettres restèrent sans réponse. Enfin, je résolus de partir moi-même à sa recherche, et me voici. Je donnerais volontiers la moitié de ma fortune pour savoir qu'il est vivant. Le capitaine Good a bien voulu m'accompagner dans mon expédition. Nous cherchons à nous orienter.

— Je n'avais rien d'autre à faire, interrompit le capitaine, et puis l'Amirauté m'ayant congédié avec une retraite qui me laisse tout juste de quoi ne pas mourir de faim… Et maintenant, monsieur Quatermain, j'espère que vous voudrez bien nous dire ce que vous savez de plus sur M. Neville. Vous voyez maintenant pourquoi sir Henry vous interroge et quel intérêt il a à savoir tout ce que vous pourriez nous apprendre.

***

— Dites-moi tout, reprit sir Henry, je vous en prie.

— Eh bien ! J'ai entendu dire que M. Neville était allé aux mines de Salomon.

— Aux mines de Salomon ! s'écrièrent mes deux auditeurs. Où est-ce, les mines de Salomon ?

— Je ne sais pas vraiment. J'ai vu les pins des montagnes du pays où elles se situent selon la rumeur. Mais il y avait deux cents kilomètres de désert entre les montagnes et jamais aucun Blanc, du moins à ma connaissance, n'en est revenu. J'ai appris qu'autrefois un Portugais avait pénétré jusque-là bas ; on ne l'a plus revu. Je puis vous raconter la légende de ces mines si vous le désirez.

Les deux Anglais hochèrent la tête en signe d'assentiment.

— Eh bien ! repris-je, il y a de cela quelque trente ans, un chasseur nommé Evans, qui était curieux des traditions du pays, a été tué par un buffle. Pauvre Evans ! Il est enterré aux chutes du Zambèze. Avant ce tragique événement, je m'étais entretenu avec lui, et j'avais entendu parler des restes d'un travail extraordinaire : une belle grande route conduisant à l'entrée d'une galerie où étaient accumulés des quartzs aurifères prêts à être travaillés.

« Je sais quelque chose de plus étrange encore, m'avait-il ensuite déclaré. Avez-vous déjà entendu parler des mines de Salomon ? »

« Non, jamais. »

« Bien. Au nord-ouest du pays des Mashoukoulombés, se trouvent des montagnes où se situeraient les mines de diamants du roi Salomon. »

« Comment savez-vous cela ? »

« On les appelle aujourd'hui montagnes de Suliman ; c'est évidemment par corruption du mot Salomon. J'ai rencontré une sorcière du pays des Manicos ; elle m'a expliqué que, dans ce pays-là, les hommes sont grands et forts, et qu'ils pratiquent encore bon nombre d'activités d'art qui leur ont été transmises par les Blancs d'autrefois. Ceux-là gardaient entre autres le secret d'une mine de pierres brillantes. »

À cette époque, on ne parlait pas encore de champs de diamants, Messieurs, et j'oubliai rapidement ce que m'avait dit Evans. Toutefois, vingt ans plus tard, j'entendis à nouveau parler des montagnes de Suliman. Je m'étais aventuré au-delà du pays des Manicos, à un endroit appelé le Kraal de Sitanda. C'était un misérable village où il n'y avait pas même de quoi manger. Mais j'avais malheureusement contracté une mauvaise fièvre et, malade comme j'étais, j'étais bien obligé de rester là jusqu'à mon rétablissement. Un jour, je vis arriver un Portugais avec un serviteur, un sang-mêlé. Je n'aime pas les Portugais. Dans ce pays-ci, il n'y a pas de plus grands coquins ; ils trafiquent la chair humaine, c'est-à-dire les esclaves, comme si ces Noirs étaient une simple denrée. Mais mon Portugais montrait la physionomie d'un homme comme il faut ; sa longue moustache était noire, ses yeux bruns et vifs ; et il me conquit rapidement grâce à sa politesse exquise. Il me révéla son nom : José da Silvestra ; il ajouta qu'il résidait sur les bords de la baie de Delagoa. Le lendemain, en me quittant, il me salua d'un air fort noble et me dit :

« Adieu, senhor ; si nous nous revoyons, je serai l'homme le plus riche du monde, et je me souviendrai de votre accueil hospitalier ! »

Puis il s'éloigna vers l'ouest. Je me demandais sincèrement s'il était fou. Une semaine plus tard, j'avais repris des forces, et, tout en rongeant une carcasse de poulet devant ma petite tente, je regardais le soleil enflammé s'abaisser sur les sables du désert, lorsque je distinguai, à environ trois cents mètres, quelque chose qui ressemblait à une forme humaine. Tantôt rampant, tantôt se dressant, trébuchant à chaque pas, l'individu avançait tant bien que mal. C'était bien un homme, et un Européen, car il était vêtu. Quand il fut assez près, je reconnus mon visiteur portugais. J'envoyai un de mes chasseurs à son aide. Pauvre malheureux ! Il n'était plus que l'ombre de lui-même.

« De l'eau ! De l'eau ! gémissait-il. Pour l'amour de Dieu, de l'eau ! »

Je lui fis donner du lait coupé. Il en absorba goulûment une si grande quantité que je dus lui ôter. Puis la fièvre le prit ; il se mit à divaguer ; et les montagnes de Suliman ou le désert revenaient toujours dans ses paroles incohérentes. Je fis pour lui tout ce que je pus ; il n'y avait cependant pas grand-chose à faire, car sa fin était proche. Il s'endormit au petit matin, et je fis de même. Le soleil lançait à peine ses premiers rayons dans la tente lorsque je m'éveillai. Mon Portugais était assis sur son séant, le bras étendu vers le désert.

« Les voilà ! dit-il, les voilà ! Mais je n'irai pas. Personne ne pourra y aller. » Il tourna les yeux vers moi.

« Ami, dit-il, êtes-vous ici ? Mes yeux se voilent. »

« Oui, camarade, répondis-je, couchez-vous, reposez-vous. »

« Oh ! dit-il, me reposer ! Mais j'ai toute l'Éternité pour me reposer, et je ne suis plus très loin d'y entrer. Écoutez mon ami, vous avez été bon pour moi, je vais donc vous récompenser. Tenez, voici le papier. Vous aurez peut-être plus de chance que moi. »

Il fouilla dans sa chemise et en sortit une sorte de bague à tabac. Il essaya vainement d'en dénouer l'attache.

« Déliez-la » me dit-il.

J'obéis et je tirai de la blague un bout de linge jauni,

sur lequel étaient tracés, en couleur de rouille, des caractères presque indéchiffrables. Avec ce petit chiffon se trouvait aussi un bout de papier. Le mourant reprit d'une voix faible :
« Ce qui est tracé sur le linge est copié sur le papier. Il m'a fallu des années pour déchiffrer cela. Un de mes ancêtres, banni du Portugal pour des raisons politiques, fut l'un des premiers colons de ce pays. Il s'appelait don José da Sylvestra. Il vint jusqu'à ces montagnes que vous apercevez là-bas ; il les traversa même. Alors qu'il en revenait, la mort le saisit en route, et son esclave, qui l'attendait de ce côté-ci, prit le bout de chiffon sur lequel mon ancêtre avait écrit ses derniers renseignements ; il rapporta ce document dans la famille à Delagoa, il y a de cela maintenant trois cents ans. Personne avant moi n'avait essayé de lire ce testament ; j'y suis parvenu, mais il m'en coûte la vie. Ne donnez cela à personne. Tâchez d'aller là-bas vous-même ; celui qui réussira sera le plus riche du monde. »
José da Sylvestra, épuisé, retomba sur la couche, et rendit son dernier soupir une heure plus tard. Que Dieu ait son âme ! Avant de quitter Sitanda, je le fis enterrer profondément avec de lourdes pierres sur le corps, pour que les chacals ne puissent pas dévorer ses restes.
— Et son document ? m'interrompit alors vivement sir Henry.
— Oui, son document ? Où l'avez-vous mis ? Qu'en avez-vous fait ? demanda le capitaine.

— Ce document, Messieurs, je l'ai gardé. Je n'en ai même parlé à personne, si ce n'est à ma pauvre défunte ; elle disait que c'étaient des absurdités. Je me le suis fait traduire par un vieil ivrogne de Portugais entre deux verres de vin, qui le lendemain n'avait plus idée du service que je lui avais demandé ; de sorte que personne ne connaît ce document. J'ai l'original à Durban, chez moi, avec la copie de l'infortuné José. Mais je puis vous montrer la version anglaise que j'ai dans mon portefeuille avec un facsimilé de la carte, si toutefois on peut appeler cela une carte. La voici :

Moi, José da Silvestra, qui meurs de faim dans la petite caverne où il n'y a pas de neige, au nord du mamelon le plus au sud des deux montagnes que j'ai appelées les Seins de Shéba, j'écris ceci, en l'an 1590, au moyen d'un os aiguisé, sur un morceau de mon vêtement, avec mon sang pour encre. Si mon esclave trouve cet écrit quand il reviendra, qu'il le porte à mon ami (nom illisible). Que mon ami le fasse connaître au roi. Que le roi envoie une armée. Si cette armée peut vivre à travers le désert et les montagnes, si elle peut vaincre les braves Koukouanas et leurs arts diaboliques – à cet effet, il faudra amener beaucoup de prêtres –, le roi sera le plus riche des rois depuis Salomon. De mes propres yeux j'ai vu les diamants amoncelés dans la chambre des trésors de Salomon, derrière la Mort Blanche. Mais, par la trahison de Gagoul, la flaireuse de sorciers, je n'ai pu en emporter aucun ; à peine suis-je sorti de là avec la vie sauve. Que celui qui viendra suive la carte, qu'il fasse, bravant la neige, l'ascension de la montagne de gauche, jusqu'au mamelon au côté nord duquel se trouve la grande route de Salomon. La résidence royale est à trois jours de chemin de là. Que le roi tue Gagoul. Priez pour mon âme ! Adieu !

Lorsque les deux amis eurent entendu ces mots et considéré les deux feuilles, il y eut un silence.

— Ah ! dit enfin Good. J'ai fait deux fois le tour du monde, j'ai relâché à tous les ports, mais je veux bien être pendu si jamais j'ai déjà entendu raconter une histoire aussi invraisemblable.

— Votre récit est étrange, en effet ! ajouta sir Henry. Je me refuse à supposer que vous nous prenez pour des naïfs faciles à mystifier. Il y a des voyageurs qui prennent ainsi plaisir à se moquer de leurs auditeurs. Je me demande si vous croyez à ce que vous nous racontez là.

— Sir Henry, répondis-je tout offensé, en repliant froidement mes papiers, je vous ai rapporté ce que j'ai entendu dire ; vous n'êtes pas forcé d'y croire. Je ne suis pas un hâbleur, et je n'ai pas pour habitude de conter des aventures et des histoires de mon invention.

Tout en parlant, je m'étais levé pour me retirer. Sir Henry posa alors sa large main sur mon épaule.

— Allons, Monsieur Quatermain, ne vous fâchez pas. Je vous demande pardon si j'ai été un peu franc. Mais avouez que votre histoire est incroyable. Voyons ! Si c'était à vous que l'on contiez cela, qu'en diriez-vous ?

— Monsieur, repris-je tout apaisé par l'air bon enfant de sir Henry, je mettrai entre vos mains les originaux de ces copies dès que nous serons à Durban. Vous pourrez ainsi en juger par vous-même.

Du reste, je ne pouvais nier que cette histoire ne fût fort extraordinaire.

— Jusqu'ici, ajoutai-je, je ne vous ai rien dit concernant votre frère. Je connaissais bien Jim, qui l'accompagnait. C'était un Bechuana et, pour un indigène, un garçon intelligent. Le jour de leur départ, Jim était près de mon wagon, en train de racler son tabac.

« Eh bien ! lui dis-je, où allez-vous cette fois ? Chasser l'éléphant ? »

« Non, *Baas,* nous allons en quête de mieux que ça ! »

« Mieux que ça ? Diable ! De l'or donc ? »

« Non, *Baas,* quelque chose de plus précieux encore ! »

J'étais intrigué, mais ma dignité ne me permettait pas de laisser voir ma curiosité. Quand Jim eut fini son raclage, il reprit : « *Baas* ! »

Je n'eus pas l'air de l'entendre.

« *Baas* ! » répéta le métis.

« Eh bien ! Qu'est-ce que tu veux ? »

« *Baas,* nous partons chercher des diamants. »

« Des diamants ! Mais mon garçon, vous allez juste à l'opposé. Les champs de diamants ne sont pas du côté où vous vous dirigez. »

« Nous n'allons pas aux champs, *Baas*. As-tu déjà entendu parler des montagnes de Suliman ? »

« Bien sûr. »
« As-tu jamais entendu dire qu'il y a des diamants dans ces montagnes ? »
« Oui, Jim, j'ai déjà entendu conter ces balivernes-là. »
« C'est la vérité, *Baas*. J'ai connu une femme qui était venue de ce pays-là avec son enfant ; elle m'a parlé de ces diamants. »
« Veux-tu que je te dise le plus clair de l'affaire, mon pauvre Jim ? C'est que vous allez laisser votre peau dans ces déserts. »
« Peut-être bien *Baas* ! Mais que veux-tu, il faudra bien mourir un jour ou l'autre. Autant avoir vu du pays avant, et avoir tenté de ramasser quelque chose. »
« Ce sont les vautours qui ramasseront ta carcasse, si jamais ils y trouvent de quoi. »
« Tu as peut-être raison, *Baas*, mais nous irons quand même. »
Le wagon de M. Neville s'éloigna effectivement une demi-heure après. Bientôt je vis Jim revenir en courant vers moi.
« Adieu, *Baas* ! Adieu ! Je ne pouvais pas m'en aller sans te dire adieu. Il y a bien des chances pour que nous y laissions nos os. »
« M'as-tu dit la vérité, Jim ? Ce n'est pas un mensonge que tu as inventé ? »
« Oui maître, nous allons vraiment aux montagnes de Suliman. Mon maître veut faire fortune, il dit qu'il va voir si cela est possible avec ces diamants. »

« Eh bien, lui dis-je, attends un instant, Jim. Je vais te donner un bout de billet pour ton maître. Tu ne le lui remettras que lorsque vous serez à Inyati. »

C'était à cent cinquante kilomètres de Bamangwato, où nous nous trouvions alors. J'écrivis sur un bout de papier : « Que celui qui viendra fasse l'ascension à travers les neiges de la montagne gauche de Shéba, jusqu'à ce qu'il arrive au mamelon, au nord duquel se trouve la grande route de Salomon. »

« Tiens, Jim, tu donneras ça à ton maître, et tu lui recommanderas de suivre exactement les instructions que renferme ce papier. Ne le lui donne pas tout de suite ; il reviendrait me questionner, et je ne veux pas être interrogé. Allons, va-t'en donc, fainéant, ton wagon est déjà loin. »

Jim prit le billet et s'en alla.

— Voilà tout ce que je sais de votre frère, Monsieur, et je crains que...

— Monsieur Quatermain, dit sir Henry, vos craintes ne m'ébranleront pas. Je suis parfaitement décidé à aller chercher mon frère jusqu'aux montagnes de Suliman, s'il le faut, et même au-delà. Je le trouverai ou je saurai ce qu'il est devenu. Voulez-vous m'accompagner, monsieur Quatermain ?

Je suis prudent, je ne le cache pas ; s'embarquer dans une pareille expédition, c'était aller chercher la mort. Il ne me semblait pas que la chose fût pressée. Quand c'est la mort qui vient vous chercher, on fait comme on peut ; mais, de sang-froid, sans utilité personnelle, s'aventurer ainsi... car j'ai un fils, enfin, et je n'avais pas le droit de le planter là, sans ressources, ses études inachevées.

— Merci, Monsieur, répondis-je, votre confiance m'honore ; mais, voyez-vous, je suis trop vieux pour me lancer dans une expédition si hasardeuse. Il est à peu près certain qu'on n'en reviendra pas. Moi, Messieurs, j'ai un fils qui n'a que son père, et, ne fût-ce qu'à cause de lui, je n'ai pas le droit de risquer ma vie.

Les deux amis échangèrent un regard désappointé.

— Monsieur, reprit sir Henry, je suis riche, et cette recherche me tient vraiment à cœur. Votre aide me serait précieuse : fixez-la au prix que vous voudrez, dans les limites bien sûr du raisonnable, et je vous paierai cet argent comptant avant notre départ. Nous assurerons ainsi également l'avenir de votre fils, soyez tranquille de ce côté-là. Qui sait, nous trouverons peut-être aussi des diamants ? Pour ma part, je n'en ai pas besoin ; mais Good et vous-même vous partagerez toutes les trouvailles que nous ferons. Il est évident que l'on ne peut compter là-dessus avec certitude ; mais si jamais nous trouvons de l'ivoire en chemin, vous la partagerez aussi entre vous. Voyez combien je tiens à vous, monsieur Quatermain. Faites-moi part de vos conditions et accordez-nous votre compagnie dans cette expédition dont évidemment tous les frais seront à ma charge.

— C'est une proposition très avantageuse, sir Henry, et croyez bien que j'en suis flatté. Il faut avouer qu'elle est bien tentante. Je vous promets d'y réfléchir. La tâche sera rude, et l'issue bien incertaine. Je vous donnerai ma réponse quand nous débarquerons.

— Entendu, dit sir Henry. J'espère qu'elle sera favorable.

— Nous verrons cela.

L'HOMME QUI VOULUT ÊTRE ROI

RUDYARD KIPLING

Au cours d'un voyage en train à travers l'Inde, un journaliste britannique rencontre par hasard deux hommes étranges. Troublé par leur comportement, il les signale aux autorités afin de les empêcher de continuer leur dangereux périple. De retour à la rédaction de son journal et, alors qu'il a déjà presque oublié l'existence des deux vagabonds, il s'apprête à recevoir une curieuse visite…

Un samedi soir, il me revint l'aimable obligation d'achever le journal tout seul. Un roi, un courtisan, une courtisane ou une communauté allaient mourir, ou obtenir une nouvelle constitution, ou faire quelque chose d'important pour l'autre côté du monde, et le journal devait attendre l'*imprimatur* jusqu'à la dernière minute possible, afin d'attraper le télégramme. C'était une nuit d'encre, étouffante, une vraie nuit de juin, et le *loo*, le vent torride qui souffle de l'ouest, bramait dans l'amadou des branches en faisant semblant d'avoir une pluie sur les talons. Par intervalles, une goutte d'eau presque bouillante tachait la poussière avec un *flop* de grenouille aplatie ; mais, dans sa lassitude, notre univers savait bien que ce n'était que feinte. Il faisait moins chaud dans l'atelier que dans le bureau, de sorte que je m'assis là parmi le cliquetis des machines, les huées des oiseaux de nuit aux fenêtres, les typos, à demi nus, qui épongeaient la sueur de leurs fronts et demandaient à boire. La chose qui nous faisait veiller, quelle qu'elle pût être, refusait d'arriver, quoique le dernier caractère fût en place et que toute la terre ronde demeurât en suspens dans la chaleur suffocante, un doigt sur les lèvres, attendant l'événement. Je m'assoupis, tout en me demandant si l'invention du télégraphe constituait en somme un bien et si ce moribond ou ce peuple en révolte avait conscience du dérangement produit par son retard. Sauf la chaleur et la préoccupation, nulle raison particulière d'énervement, et pourtant, comme les aiguilles de la pendule rampaient jusqu'à trois heures et que les machines essayaient deux ou trois tours de volant avant le mot prononcé qui les lâcherait dans leur carrière, j'aurais pu crier tout haut de fatigue.

Soudain, le grondement et la crécelle des machines déchirèrent le silence en minuscules lambeaux. Je me levais pour sortir quand deux hommes vêtus de blanc s'arrêtèrent devant moi. Le premier dit « C'est lui ! » Le second dit « Ma foi, oui ! » Et ils rirent tous deux à couvrir le bruit des presses et en s'épongeant le front.

— Nous avons vu une lumière de l'autre côté de la route, car nous dormions dans le fossé là-bas, pour avoir frais, et j'ai dit à mon copain que voilà : « Allons parler à celui qui nous a fait mettre hors de l'État de Degumber ! », dit le plus petit des deux.

C'était l'homme que j'avais rencontré dans le train de Mhow, et son camarade, l'homme à poil roux de la gare de Marwar. Il n'y avait pas à se tromper aux sourcils de l'un ni à la barbe de l'autre.

Je n'étais pas content, car j'avais plus envie de dormir que de me chamailler avec des vagabonds.

— Qu'est-ce que vous voulez ? demandai-je.

— Causer une demi-heure, au frais et à l'aise, dans le bureau, dit l'homme à barbe rouge. Nous ne refuserions pas à boire – le contrat n'a pas force encore, Peachey, ce n'est pas la peine de faire une tête – mais ce qu'il nous faut pour de bon c'est des conseils. Nous n'avons pas besoin d'argent. C'est comme une faveur que nous demandons, rapport au sale tour que vous nous avez joué à propos du Degumber.

Je montrai le chemin qui passait de l'imprimerie au bureau suffocant, où des cartes pendaient aux murs. L'homme roux se frotta les mains.

— Il y a du bon, dit-il. Nous avons frappé à la bonne porte. Maintenant, Monsieur, permettez-moi de vous présenter le frère : Peachey Carnehan, ça, c'est lui, et le frère ; Daniel Dravot, ça, c'est moi ; quant à nos professions, moins nous en parlerons mieux ça vaudra ; nous avons fait tous les métiers dans notre temps. Soldats, marins, typos, photographes, correcteurs d'épreuves, prêcheurs en plein vent et correspondants du *Backwoodsman* les fois où le journal en avait besoin. Carnehan est à jeun, moi aussi. Regardez-nous bien d'abord pour être sûr. Ça vous évitera de me couper. Nous allons prendre chacun un cigare et vous tiendrez l'allumette.

Je tentai l'épreuve. Les deux hommes n'avaient pas bu et je leur fis servir deux whisky.

— À la bonne heure, dit Carnehan, l'homme aux sourcils, en séchant sa moustache. Laisse-moi parler maintenant, Dan. Nous avons fait à peu près toute l'Inde, le plus souvent à pied. Nous avons été ajusteurs de chaudières, conducteurs de locomotives, petits entrepreneurs et le reste, et maintenant nous avons décidé que l'Inde n'est pas assez grande pour les gens de notre acabit.

Ils étaient certainement trop grands pour le bureau. La barbe de Dravot semblait emplir la moitié de la pièce, et les épaules de Carnehan l'autre moitié, alors qu'ils se tenaient tous deux assis sur la grande table. Carnehan continua :

— Le pays ne donne pas la moitié de ce qu'il devrait parce que le gouvernement ne veut pas qu'on y touche. Ils passent tout leur sacré temps à gouverner et on ne peut pas soulever une bêche, faire sauter un éclat de pierre ou forer pour de l'huile sans que le gouvernement crie : « Bas les pattes et laissez-nous gouverner ! » C'est pourquoi nous allons le laisser en paix et partir pour quelque autre pays où l'on puisse jouer des coudes et tracer son chemin. Nous ne sommes pas de petits hommes et nous n'avons peur de rien, uniquement de la boisson, et nous avons signé un contrat sur ce point. *Donc*, nous nous en allons être rois.

— Rois de plein droit, murmura Dravot.

— Oui, c'est entendu, dis-je. Vous avez traîné vos guêtres au soleil, la nuit est plutôt chaude, et vous feriez peut-être mieux d'aller dormir sur votre idée. Venez demain.

— Ni coup de soleil ni verre de trop, dit Dravot. Voilà un an que nous dormons sur notre idée ; nous avons besoin de voir des livres et des atlas, et nous avons conclu qu'il n'y a plus qu'un pays au monde où deux hommes à poigne puissent faire leur petit Sarawak. Cela s'appelle le Kafiristan. À mon idée c'est dans le coin de l'Afghanistan, en haut et à droite, à moins de trois cents milles de Peshawer. Les païens de là-bas ont trente-deux idoles. Avec nous deux, ça fera trente-quatre ! C'est un pays montagneux et les femmes de ces contrées sont très belles.

— Mais ça, c'est défendu dans le contrat, dit Carnehan. Ni femmes ni boisson, Daniel.

— C'est tout ce que nous savons, excepté que personne n'y est allé et qu'on s'y bat. Or, partout où l'on se bat, un homme qui sait dresser des hommes peut toujours être roi. Nous irons dans ce pays, et, au premier roi que nous trouverons, nous dirons : « Voulez-vous battre vos ennemis ? », et nous lui montrerons comment instruire des recrues, car c'est ce que nous savons faire le mieux. Puis nous renverserons ce roi, nous saisirons le royaume et nous fonderons une dynastie.

— Vous vous ferez tailler en pièces à peine la frontière passée, dis-je. Il vous faut traverser l'Afghanistan pour arriver dans ce pays-là. Ce n'est qu'un fouillis de montagnes, de pics et de glaciers que jamais aucun Anglais n'a franchis. Les habitants sont de parfaites brutes, et, en admettant que vous arriviez à eux, il n'y aurait rien à faire.

— J'aime mieux ça, dit Carnehan. Si vous nous trouviez encore plus fous, ça nous ferait encore plus plaisir. Nous sommes venus à vous pour nous renseigner sur ce pays, pour lire des livres qui en parlent et consulter vos cartes. Nous avons envie de nous faire traiter de fous et de voir vos livres. Il se tourna vers la bibliothèque.

— Parlez-vous sérieusement ? dis-je.

— Un peu, dit Dravot, triomphant. Nous voulons votre plus grande carte, même s'il y a un blanc à la place du Kafiristan, et tous les livres que vous pourriez avoir. On sait lire, quoiqu'on n'ait pas reçu beaucoup d'éducation.

Je dépliai la grande carte de l'Inde à l'échelle de trente-deux milles au pouce, deux cartes de frontières plus petites, descendis péniblement le tome INF-KAN de l'*Encyclopædia Britannica*, et mes hommes se mirent à les consulter.

— Attention, dit Dravot, un doigt sur la carte. Jusqu'à Jagdalak, Peachey et moi nous connaissons la route. Nous sommes allés là avec l'armée de Roberts. À Jagdalak il faudra prendre à droite à travers le territoire de Laghmân. Puis nous entrons dans les montagnes. Quatorze mille, quinze mille pieds, il fera frais là-haut. Mais ça ne paraît pas très loin sur la carte.

Je lui passai les *Sources de l'Oxus*, par Wood. Carnehan était plongé dans l'*Encyclopædia.*

— Ils sont un tas, dit Dravot d'un air méditatif, et ça ne nous avancera guère de savoir les noms de leurs tribus. Plus il y aura de tribus et plus de batailles, mieux ce sera pour nous. De Jagdalak à Ashang. Hum !

— Mais tous les renseignements sur la région sont aussi superficiels et aussi vagues que possible, protestai-je. Voici la collection de *United Services Institute.* Lisez ce que dit Bellew.

— Zut pour Bellew ! dit Carnehan. Dan, c'est un sacré tas de païens, mais ce livre-ci dit qu'ils sont apparentés à nous autres Anglais.

Je continuai à fumer, tandis que les deux hommes s'ensevelissaient dans Raverty, Wood, les cartes et l'*Encyclopædia.*

— Ce n'est pas la peine de nous attendre, dit poliment Dravot.

— Il est quatre heures à peu près, maintenant. Nous partirons avant six heures si vous voulez dormir et nous ne volerons pas de papiers. Ne veillez pas sur nous. Nous sommes deux toqués pas dangereux, et si vous passez par le Serai demain soir, nous vous dirons adieu.

— Certainement vous êtes fous tous les deux, répondis-je. On vous fera rebrousser à la frontière ou on vous coupera le cou à l'instant où vous mettrez le pied en Afghanistan. Avez-vous besoin d'argent ou d'une recommandation pour les provinces du Sud ? Je peux vous aider à trouver du travail dès la semaine prochaine.

— La semaine prochaine nous travaillerons nous-mêmes et d'attaque, merci bien, dit Dravot. Ce n'est pas si facile d'être roi que ça en a l'air. Quand nous aurons notre royaume et que tout fonctionnera, nous vous le ferons dire et vous viendrez nous aider à le gouverner.

— Est-ce que deux toqués feraient un contrat comme celui-ci ?, dit Carnehan avec une nuance de discret orgueil, en me montrant une demi-feuille de papier à lettre graisseux, où on lisait ce qui suit et dont je pris connaissance sur-le-champ, par pure curiosité :

Le présent contrat ayant force entre toi et moi, prenant à témoin le nom de Dieu. Amen, etc., etc.

1. Que moi et toi déciderons cette affaire ensemble, à savoir d'être rois de Kafiristan.

2. Que toi et moi ne devrons point, pendant que nous déciderons cette affaire, regarder aucune boisson, ni aucune femme noire, blanche ou brune, de manière à ne pas nous embrouiller à cause de l'une ou de l'autre ni que mal s'ensuive.

3. Que nous devrons nous conduire avec prudence et dignité, et que si l'un se trouve dans l'embarras l'autre reste avec lui.

Signé par toi et moi ce jour.
Peachey Taliaferro Carnehan,
Daniel Dravot,
Gentlemen tous deux sans profession.

— Il n'y avait pas nécessité pour le dernier article, dit Carnehan, en rougissant avec modestie, mais c'est plus agréable à l'œil. Vous savez ce que c'est que des loupeurs – c'est ce que nous sommes encore, Dan, avant d'être sortis de l'Inde – eh bien ! Croyez-vous que nous aurions signé un contrat comme cela si nous n'avions pas pris la chose au sérieux ? Nous nous sommes privés des deux choses qui valent la peine de vivre.

— Vous aurez vite fait votre deuil de vivre si vous persistez à tenter cette aventure idiote. Ne mettez pas le feu au bureau, dis-je, et partez avant neuf heures.

Je les quittai, toujours absorbés dans la lecture des cartes et qui prenaient des notes au dos du « contrat ».

— N'oubliez pas de venir au Serai demain ! firent-ils, comme je partais.

Le Serai de Kumharsen est le grand égout humain, à quatre murs en carré, où viennent prendre ou laisser leurs charges les files de chameaux et de chevaux qui arrivent du

Nord. On y trouve toutes les nationalités de l'Asie centrale et la plupart des gens de l'Inde propre. Balkh et Bukhara rencontrent là Bengale et Bombay, et tâchent réciproquement de s'y tirer les canines. On peut y acheter des poneys, des turquoises, des chats persans, des moutons à queue charnue ou du musc, dans ce Serai de Kumharsen ; on y attrape même plus d'une chose bizarre gratis. Dans l'après-midi, je descendis de ce côté afin de constater si mes amis tiendraient parole ou si je les trouverais vautrés et ivres morts.

Un *mullah* vêtu de bouts de rubans et de loques s'avança vers moi d'un pas décidé. Il agitait gravement un moulinet d'enfant en papier. Son serviteur, derrière lui, pliait sous le poids d'une botte remplie de jouets de terre. L'un et l'autre s'occupaient de charger deux chameaux, et les hôtes du Serai les regardaient faire en se tordant de rire.

— Le *mullah* est fou, me dit un marchand de chevaux. Il va à Kaboul vendre des jouets à l'Amir. Il se fera élever aux honneurs ou couper la tête. Il est arrivé ici ce matin et, depuis lors, n'a pas cessé d'agir comme un fou.

— Les simples sont sous la protection de Dieu, bégaya en mauvais hindi un Ouzbek aux joues plates. Ils prédisent les choses de l'avenir.

— Il aurait bien dû me prédire que ma *kafila* se ferait hacher par les Shinwaris, presque à l'ombre de la Passe, grogna un homme originaire d'Eusufzai, agent d'une maison de commerce du Rajputana, dont les marchandises étaient tombées, par grande félonie, entre les mains d'autres voleurs, à courte distance de la frontière, et que ses infortunes rendaient le plastron du bazar. Ohé, *mullah*, d'où viens-tu et où vas-tu maintenant ?

— De Roum suis-je venu, cria le *mullah* en agitant son moulin en papier, de Roum, poussé par le souffle de cent mille diables, depuis l'autre côté de la mer ! Oh ! Voleurs, brigands, menteurs, la bénédiction de Pir Khan sur les porcs, les chiens et les parjures. Qui veut emmener le Protégé de Dieu vers le Nord afin de vendre à l'Amir des charmes qui ne vieillissent point ? Leurs chameaux ne souffriront pas, leurs fils ne tomberont pas malades, leurs femmes demeureront fidèles pendant leur absence à ceux qui me donneront place dans leur *kafila*. Qui m'aidera à chausser le roi des Roos d'une pantoufle d'or à talon d'argent ? La protection de Pir Khan repose sur ses labeurs !

Il rejeta en arrière les pans de son caban et pirouetta parmi les rangs de chevaux entravés.

— Il part une *kafila* de Peshawer pour Kaboul dans vingt jours, *Huzrut*, dit le marchand d'Eusufzai. Mes chameaux l'accompagnent. Viens donc avec nous tu nous porteras bonheur.

— Je partirai tout de suite, cria le *mullah*, je partirai sur mes chameaux ailés, et serai à Peshawer en un jour ! Ho ! Hazar Mir Khan ! hurla-t-il à son domestique, fais sortir les chameaux, mais que je monte sur le mien d'abord.

Il sauta sur le dos de la bête agenouillée et s'écria en se tournant vers moi :

— Viens aussi, *sahib*, suis-nous un peu sur la route, et je te donnerai un charme, une amulette, qui te fera roi de Kafiristan.

À ce moment la lumière se fit dans mon esprit. Je suivis les deux chameaux à la sortie du Serai jusqu'à la grand-route où le *mullah* fit halte.

— Qu'en pensez-vous ? dit-il en anglais. Carnehan ne sait pas leur patois, c'est pourquoi j'en ai fait mon domestique. C'est un domestique à la hauteur. Je n'ai pas battu le pays pendant quatorze ans pour rien. C'était bien fait, hein, ce bout de causette tout à l'heure ? Nous nous collerons à une *kafila*, entre Peshawer et Jagdalak, et de là nous verrons à échanger nos chameaux pour des bourricots et à faire notre brèche en Kafiristan. Des petits moulins pour l'Amir... Ah ! vingt dieux ! Passez votre main sous les sacs et dites-moi ce que vous sentez.

Je tâtai la crosse d'un Martini, d'un autre, puis d'un autre encore.

— Il y en a vingt, dit Dravot avec placidité. Vingt et des munitions en conséquence sous les petits moulins et les poupées en terre.

— Le ciel vous aide, si on vous découvre avec ces joujoux-là ! dis-je. Un Martini, chez les Pathans, cela vaut son pesant d'argent.

— Quinze cents roupies de capital : tout ce qu'on a pu mendier, taper ou voler placées là sur ces deux chameaux, dit Dravot. Nous ne nous ferons pas pincer.

Nous passons le Khyber avec une vraie *kafila.* Qui toucherait un pauvre fou de *mullah* ?

— Avez-vous tout ce qu'il vous faut ? demandai-je, vaincu par la surprise.

— Pas encore, mais ça viendra bientôt. Donnez-nous un souvenir de votre obligeance, *frère.* Vous m'avez rendu service hier et l'autre fois aussi à Marwar. La moitié de mon royaume sera pour vous, comme dit la chanson.

Je détachai une petite boussole fétiche de ma chaîne de montre et la tendis au *mullah.*

— Adieu, dit Dravot en me tendant la main avec circonspection. C'est notre dernière poignée de main à un Anglais pour bien des jours. Serre-lui la main, Carnehan ! cria-t-il, comme le second chameau me dépassait.

Carnehan se pencha et me serra la main. Puis les chameaux s'effacèrent dans la poussière de la route, et je restai tout seul, à m'émerveiller. Mon œil n'aurait pu discerner le moindre accroc dans les déguisements. La scène du Serai attestait leur perfection pour le jugement indigène. Une chance donc se présentait pour Carnehan et Dravot de cheminer à travers l'Afghanistan sans se trahir. Mais au-delà ils trouveraient la mort, une mort affreuse et sûre.

Dix jours plus tard, un indigène de mes amis, qui me mandait les nouvelles les plus récentes de Peshawer, terminait sa lettre en ces termes :

« On a beaucoup ri par ici à cause d'un certain *mullah* qui est fou et s'en va, assure-t-il, vendre des colifichets et des babioles, qu'il appelle des charmes puissants, à Sa Majesté l'Amir de Bukhara. Il a traversé Peshawer et s'est joint à la seconde *kafila* d'été qui va à Kaboul. Les marchands sont contents, ils s'imaginent, par superstition, que des fous de la sorte portent bonne chance. »

Les deux avaient donc passé la frontière. J'aurais prié pour eux, mais, cette nuit-là, un vrai roi mourut en Europe, qui réclama un article nécrologique.

AU CŒUR DES TÉNÈBRES

JOSEPH CONRAD

Cette longue nouvelle, parue pour la première fois dans la presse britannique en 1899, est sans doute l'un des textes les plus emblématiques de l'œuvre de Joseph Conrad. Dans ce récit initiatique, le jeune Charles Marlow, un officier de la marine marchande, est envoyé en mission en Afrique noire. Alors qu'il rejoint ce continent inconnu, il est bien loin d'imaginer à quel point sa remontée du fleuve Congo le fera s'enfoncer dans un univers sombre, singulier, et surtout dangereux...

Je pris place à bord d'un bateau à vapeur français qui fit escale dans chacun des satanés ports qu'ils ont là-bas, toujours dans le but, d'après ce que j'en compris, d'y débarquer des soldats et des douaniers. Je regardais la côte. Regarder la côte défiler depuis un navire, revient à songer à une énigme. Elle est là, sous vos yeux, rieuse ou farouche, provocante, sublime ou insignifiante, terne ou sauvage, et silencieuse toujours, mais ayant l'air de susurrer : « approche et devine ». Cette côte-là était presque sans contours, comme encore inachevée, austère et monotone. La lisière d'une jungle immense, d'un vert si sombre qu'il semblait presque noir, frangée d'une ligne d'écume blanche, courait toute droite, comme tracée au cordeau, le long d'une mer bleue aux reflets voilés par une brume persistante. Le soleil était terriblement violent ; la terre semblait étinceler et ruisseler tant l'atmosphère était humide. Quelques taches d'un gris blanchâtre apparaissaient de temps en temps, derrière une vague, avec parfois un drapeau qui flottait au-dessus. Il s'agissait de comptoirs installés là depuis plusieurs siècles, qui ne semblaient pas plus que des têtes d'épingles comparés aux immenses étendues vierges environnantes. Nous nous traînions lentement, nous arrêtions, débarquions des soldats ; nous repartions ensuite, débarquions des commis de douane venus percevoir leurs taxes dans ce qui ressemblait à un repère de sauvages oublié de Dieu et administré depuis une baraque en tôle ondulée et un mât de pavillon ; nous débarquions encore des soldats, pour veiller apparemment à la sécurité des commis de douane. D'après ce qu'on me dit, certains se noyaient en rejoignant le bord, toutefois personne ne paraissait y attacher la moindre importance. Les pauvres diables étaient simplement jetés à terre et nous repartions. Chaque jour, la côte était identique à la veille, à croire que nous n'avions pas avancé ; nous dépassâmes plusieurs ports de commerce dont les noms, comme Grand-Bassam ou Petit-Popo, semblaient appartenir à quelque farce sinistre jouée devant une lugubre toile de fond. Mon désœuvrement de passager, l'isolement dans lequel je me trouvais parmi ces hommes avec qui je n'avais aucun contact, la mer huileuse et indolente, la morne uniformité de cette côte, me donnaient l'impression d'être à l'écart de la réalité des choses, dans l'oppression de quelque épouvantable et absurde cauchemar. Le bruit de la barre, que je percevais parfois, me procurait un réel réconfort, telle la voix d'un frère. C'était quelque chose de naturel, de raisonnable, de sensé. Parfois, une barque se détachait de la côte et me donnait le sentiment d'un contact fugace avec la réalité ! Elle était menée par des rameurs noirs. On apercevait, de loin, le blanc de leurs yeux qui brillait. Ils criaient ou ils chantaient ; leurs corps ruisselaient de sueur ; les visages de ces hommes étaient pareils à des masques grotesques ; De leurs carrures et de leurs muscles se dégageait une énergie sauvage et intense, aussi naturelle et primitive que celle des vagues qui balayaient leurs rivages. Ils n'avaient pas besoin de prétexte pour être là. C'était un grand soulagement pour moi de les voir. Ils me donnaient l'espace d'un instant, le sentiment d'appartenir encore au monde réel, mais cette impression ne durait guère. Quelque chose survenait rapidement qui la dissipait. Je me souviens qu'un jour, nous rencontrâmes un navire de guerre mouillé au large des terres que nous longions. Il n'y avait rien, pas même un hangar sur la rive, et, cependant, il bombardait la brousse. D'après la rumeur, les Français menaient une guerre dans les parages. Le pavillon pendait, inerte, tel une loque ; des canons de huit pouces pointaient de toutes parts depuis la coque basse, que la houle, grasse et gluante, berçait paresseusement en faisant balancer les mâts effilés. Dans l'immensité vide du ciel, de l'eau et de la terre, ce bateau demeurait là, incompréhensible, à tirer des coups de canon vers le continent inhabité. « Boum ! » faisaient les boulets de huit pouces ; de courtes flammes jaillissaient, puis s'évanouissaient ; un peu de fumée s'évaporait, de pauvres petits projectiles traversaient le néant en sifflant, et rien ne se produisait. Mais qu'aurait-il bien pu se produire ? Toute cette affaire était empreinte d'une sorte de folie qui donnait à ce spectacle une allure de plaisanterie macabre ; et l'explication que me donna, le plus sérieusement du monde, quelqu'un à bord – à savoir qu'il y avait bien un camp d'indigènes ennemis, selon lui, caché quelque part, hors de vue et de portée ! –, ne dissipa absolument pas ce sentiment d'absurdité.

Nous remîmes ses lettres à ce navire solitaire – dont j'appris que les hommes étaient emportés par la fièvre à raison de trois par jour – et nous repartîmes. Nous fîmes escale dans plusieurs autres lieux aux noms ridicules et dans lesquels la joyeuse danse du Commerce et de la Mort battait son plein, dans un immobilisme poussiéreux de catacombe surchauffée. Le long d'une côte informe bordée d'une houle dangereuse, la nature elle-même semblait vouloir écarter les intrus, et les eaux des fleuves, vivants courants de mort dont les berges pourrissaient parmi la vase, dont le flot, épaissi par la boue, inondaient des palétuviers convulsés qui semblaient se tordre vers nous, comme dans l'excès d'un désespoir impuissant. Nulle part la halte ne fut assez longue pour me laisser une impression singulière, mais d'une manière générale, je sentais s'accentuer en moi un sentiment d'étonnement, à la fois confus et déprimant. C'était comme un pèlerinage bien morne parmi des débris de cauchemar.

Il se passa plus de trente jours avant que l'on aperçoive l'embouchure du grand fleuve. Nous jetâmes l'ancre en face du siège du Gouvernement. Mais mon rôle ne devait commencer que quelque trois cents kilomètres plus loin. C'est pourquoi, dès que ce fut possible, je gagnai un endroit à trente milles en amont.

Je fis le voyage sur un petit vapeur de haute mer. Le capitaine, un Suédois, en apprenant que j'étais marin, m'invita à monter sur la passerelle. C'était un jeune homme, maigre, blond, morose, avec des cheveux raides et une allure traînarde. Comme nous quittions le misérable petit ponton, il désigna la rive d'un hochement méprisant...

— Vous êtes descendu là ?

— Oui, lui dis-je.

— Fameux, ces types du Gouvernement, pas vrai ? continua-t-il dans un anglais d'une précision remarquable et teinté d'une grande amertume. Étrange ce que certaines personnes consentent à faire pour quelques francs par mois... je me demande ce qu'il arrive à ces gens-là lorsqu'ils s'aventurent à l'intérieur des terres !

Je répondis que je comptais bien être fixé là-dessus avant longtemps.

— Avant longtemps ! s'écria-t-il. Il traversa le pont en traînant la semelle et sans quitter la route des yeux. Ne soyez pas si sûr de vous... L'autre jour, j'en ai chargé un qui s'est pendu en route. Et c'était un Suédois !

— Pendu ! m'écriai-je. Grands dieux, pourquoi donc ?

— Je n'en sais rien ! répondit-il sans détourner son regard vigilant. Sans doute en avait-il assez du soleil, ou peut-être du pays...

À la fin de la traversée, le fleuve s'élargit. Une falaise rocheuse apparut, des monticules de terre retournée sur la rive, des maisons sur une colline, d'autres, avec des toits de fer, perdues dans un chaos d'excavations ou accrochées au versant. Un bruit incessant de rapides, en amont, planait au-dessus de ce paysage de dévastation habitée. Des hommes, en général noirs et nus, allaient et venaient comme des fourmis. Une jetée s'avançait dans le fleuve. Et un soleil aveuglant noyait parfois l'ensemble dans une recrudescence subite d'éclat.

— Voilà le poste de votre Compagnie, fit le Suédois, en désignant du doigt trois édifices de bois, pareils à des baraquements, sur la pente rocheuse. Je vous fais monter vos affaires. Quatre caisses, dites-vous ? Parfait. Au revoir...

Je débarquai et tombai nez à nez avec une chaudière vautrée dans l'herbe. Je me frayai un chemin jusqu'à un sentier qui gravissait la colline en zigzaguant pour contourner les blocs de roche et les vieilles pièces de ferraille qui jonchaient le sol. Je croisai un wagonnet, échoué sur le dos, les roues en l'air – l'une d'elles manquait – qui évoquait la carcasse d'un animal mort ; puis, tombai sur d'autres fragments de machine et sur un tas de rails rouillés. À ma gauche, un bouquet d'arbres faisait un îlot d'ombre dans lequel des choses obscures semblaient remuer faiblement. Je bronchai : la côte était. Une trompe sonna sur ma droite et je vis les Noirs courir. Une détonation puissante et sourde secoua le sol, une bouffée de fumée s'éleva de la falaise, et ce fut tout. Aucun changement n'apparut sur l'aspect du roc. Ils construisaient un chemin de fer. Sans doute la colline n'était-elle pas à l'alignement ! Du reste, les travaux se bornaient à ces coups de mines sans réel objectif.

Un léger tintement derrière moi me fit tourner la tête. Six Nègres en file indienne remontaient péniblement le sentier. Ils marchaient, raides et lents, portant de petites corbeilles de terre sur la tête, et le tintement marquait la mesure de leurs pas. Des haillons noirs étaient noués autour de leurs reins, et les bouts pendillaient derrière leurs dos comme des queues. On distinguait chacune de leurs côtes, les articulations de leurs membres étaient pareilles à des nœuds dans un câble ; chacun avait un collier de fer autour du cou et ils étaient tous attachés par une chaîne dont les maillons se balançaient avec un tintement rythmé. Une nouvelle détonation qui s'éleva de la falaise me rappela le souvenir de ce navire de guerre que j'avais aperçu, canonnant un continent. C'était la même voix sinistre, mais en ces hommes-là, même avec un effort d'imagination, comment voir des ennemis ? Ils n'avaient vraisemblablement de criminel que le nom, et la loi outragée, pareille aux obus, s'était abattue sur eux, sans raison… Leurs maigres poitrines haletaient toutes en cœur ; leurs narines frémissaient, violemment dilatées, et leurs regards fixaient résolument le ciel. Ils passèrent à moins d'un pas de moi, sans me jeter un seul coup d'œil, avec cette totale, cette mortelle indifférence du sauvage malheureux. Derrière cette matière première, l'un des Régénérés, le produit des forces nouvelles à l'œuvre, flânait d'un air déprimé, tenant un fusil par le milieu. Il portait une vareuse d'uniforme à laquelle un bouton manquait et en apercevant un Blanc sur le sentier, il porta vivement son arme à l'épaule. Il s'agissait d'une simple précaution ; à distance, les hommes blancs se ressemblent à ce point qu'il ne pouvait deviner qui j'étais. Il fut bientôt rassuré et avec une large grimace de coquin, qui découvrait ses dents, il cligna de l'œil vers son convoi, comme pour m'associer à la haute mission qu'il remplissait. Après tout, je faisais moi aussi partie de la grande cause d'où procédaient ces justes et nobles mesures !…

Au lieu de continuer à monter, j'obliquai et descendis vers la gauche. Je tenais à laisser à l'équipe enchaînée le temps de disparaître avant de reprendre mon ascension. Vous le savez, je ne suis pas particulièrement tendre ; j'ai eu dans la vie à cogner et à me défendre ; j'ai eu à résister et parfois à attaquer – ce qui n'est qu'une autre façon de résister –, sans trop penser aux conséquences, fidèle à l'existence dans laquelle je m'étais fourvoyé. J'ai vu le démon de la violence, le démon de la cupidité et celui du désert brûlant ; bon sang ! C'était là de vigoureux démons bien en chair, l'œil hardi – et c'était des hommes, des hommes, entendez-vous, que ces démons-là commandaient et possédaient. Mais, debout sur le flanc de la colline, j'eus le pressentiment que sous l'aveuglant soleil de ce pays, j'allais apprendre à connaître le démon, flasque, hypocrite, au regard évasif, le démon d'une folie rapace et sans merci. Ce qu'il pouvait être insidieux aussi, je ne devais le découvrir que plusieurs mois plus tard et à quelques milliers de kilomètres de là ! Un moment je demeurais épouvanté, comme par un avertissement. Enfin je me mis à descendre la colline, obliquement, dans la direction des arbres que j'avais aperçus.

J'évitais un grand trou creusé dans la pente et dont je ne parvenais pas à déterminer la nature. Ce n'était visiblement ni une carrière ni une sablière, plus probablement un trou tout à fait banal. Peut-être avait-il un rapport avec le désir philanthropique de fournir une occupation aux criminels, qui sait ? Je manquai ensuite de dégringoler dans une tranchée très étroite, à peine plus marquée qu'une balafre dans le flanc de la colline. Je constatai qu'une quantité de tuyaux de drainage importés y avait été jetés pêle-mêle. Il n'y en avait pas un d'intact. C'était un massacre gratuit. Enfin je me trouvai sous les arbres. Je projetais simplement de flâner un instant à l'ombre, mais à peine étais-je entré que je compris que je venais de pénétrer dans le sombre cercle de je ne sais quel Enfer... Les rapides étaient tout proches, et leur vacarme ininterrompu, uniforme, brusque et jaillissant, remplissait l'immobilité lugubre de ce petit bois, – où il n'y avait pas un souffle, pas une feuille qui bougeait – d'un bruit mystérieux, comme si le mouvement éperdu de la terre dans l'espace y fût subitement devenu perceptible.

Des formes noires, entre les arbres, étaient accroupies, allongées ou assises, appuyées contre les troncs, collées à la terre, moins indiquées qu'effacées par la lumière trouble, figées dans toutes les postures de la douleur, de l'accablement et du désespoir. Un nouveau coup de mine éclata sur la falaise suivi par un léger frémissement du sol sous mes pieds. Le travail se poursuivait. Le travail !... Et ceci était l'endroit où certains de ces serviteurs s'étaient retirés pour mourir.

Ils mouraient lentement ; aucun doute là-dessus. Ce n'était pas des ennemis, ce n'était pas des criminels ; ils n'étaient plus quoi que ce soit dans ce monde désormais, rien que les ombres noires de la maladie et de l'épuisement, répandues confusément dans la pénombre verdâtre. Amenés de tous les points de la côte, en vertu de ce qu'il y a de plus régulier dans les contrats conclus à leurs dépens, dépaysés dans un milieu hostile, soumis à un régime inaccoutumé, ils ne tardaient pas à dépérir, cessaient d'être utiles et dès lors étaient autorisés à se traîner jusqu'ici et à reposer. Ces formes moribondes étaient libres comme l'air et presque aussi diaphanes. Je commençai à distinguer la lueur de leurs yeux sous les arbres. Ensuite en regardant à mes pieds, j'aperçus un visage tout près de ma main. La noire ossature était étendue de toute sa longueur, l'épaule contre un arbre ; avec lenteur, les paupières se soulevèrent ; les yeux creux me considérèrent, énormes et vides : il y eut une sorte de clignotement aveuglé dans la profondeur des orbites, il s'éteignit peu à peu. L'homme ne semblait pas âgé, presque un jeune homme, – mais avec ces gens-là sait-on jamais !... Je ne trouvai rien de mieux à faire que de lui tendre un de ces excellents biscuits de mer suédois que j'avais dans ma poche. Ses doigts se fermèrent lentement sur lui et le retinrent. Il n'y eut aucun autre mouvement ni aucun autre regard. Il avait un bout de laine noué autour du cou. Pourquoi ? Et d'où le tenait-il ?... Était-ce un insigne, un ornement, un fétiche, un acte purificatoire ? Y avait-il là une intention quelconque ? Plaqué sur le cou noir, ce bout de cordon blanc venu de par-delà les mers avait quelque chose de saisissant.

Près du même arbre, deux autres paquets d'angles aigus étaient tapis, les jambes remontées. L'un d'eux, le menton appuyé sur les genoux, regardait dans le vide d'une manière intolérable et effrayante ; son frère fantôme se soutenait le front comme accablé d'un intense ennui, et d'autres encore étaient dispersés alentours, dans toutes les attitudes de l'effondrement et de la contorsion, ainsi qu'on en voit dans certains tableaux de massacre ou de peste. Tandis que je demeurais saisi d'horreur, l'un de ces êtres se dressa sur les mains et les genoux, et se dirigea vers le fleuve à quatre pattes, pour y boire. Il lapait l'eau dans le creux de sa paume. Ensuite, il s'assit au soleil, les tibias croisés devant lui et au bout d'un instant, laissa tomber sa tête crépue sur sa poitrine.

J'avais perdu toute envie de flâner à l'ombre, et je repris vivement le chemin du poste de la Compagnie. Près des bâtiments, je rencontrai un homme blanc d'une élégance apprêtée si inattendue que je le pris d'abord pour une hallucination. Je notai un col droit empesé, des manchettes blanches, un veston d'alpaga léger, un pantalon immaculé, une cravate claire et des chaussures cirées. Pas de chapeau, mais sous le parasol doublé de vert que tenait sa grande main blanche, des cheveux bien peignés, gominés, avec une raie au milieu. Il avait un porte-plume derrière l'oreille. Il était stupéfiant.

J'échangeai une poignée de main avec cette apparition miraculeuse, et j'appris qu'il était le chef comptable de la Compagnie : toute la comptabilité tenait en réalité dans cet unique mandat. Il était sorti un instant, me dit-il, pour « respirer une bouffée d'air frais ». L'expression me sembla vraiment surprenante dans ce qu'elle suggérait d'une vie sédentaire de bureau. Je n'aurais, du reste, pas évoqué ce personnage si ce n'était par lui que j'entendis prononcer pour la première fois le nom de l'homme qui reste indissociable de tous mes souvenirs de cette époque. Et puis ce comptable endimanché m'inspirait le respect. Oui, j'éprouvai du respect pour ses faux cols, ses amples manchettes, ses cheveux bien mis. Son aspect évoquait celui d'un mannequin de coiffeur et, au milieu de la désolation de ce pays, il gardait le souci des apparences. Voilà ce que l'on appelait avoir de la force de caractère. Ses cols amidonnés, ses devants de chemises apprêtés n'étaient ni plus ni moins que des preuves de cela. Il y avait près de trois ans qu'il était là, et par la suite, je ne pus m'empêcher de lui demander comment il s'y prenait pour arriver à arborer ce linge-là. Il eut une imperceptible rougeur et répondit modestement :

— J'ai appris à une des femmes indigènes à l'entretenir.

Cela n'a pas été sans peine. Elle n'aimait pas ce travail.

Ainsi cet homme avait réellement réalisé quelque chose. Et il était véritablement dévoué à ses livres de compte qui étaient impeccablement tenus.

Tout le reste du campement n'était que confusion – têtes, choses et bâtiments. Des files de Nègres poussiéreux aux pieds plats arrivaient et repartaient. Un flot de produits manufacturés, cotons de pacotille, verroteries et fil de laiton, partait pour les profondeurs des ténèbres, d'où revenait en retour un mince mais précieux filet d'ivoire.

Il me fallut attendre dix jours au poste – une éternité ! J'étais logé dans une baraque au milieu de la cour, mais pour échapper au chaos, j'allais parfois me réfugier chez le comptable. Son bureau était fait de planches horizontales si mal assemblées que lorsque l'homme se penchait sur sa haute table, il était zébré de la tête aux pieds d'étroits rais de lumière. Nul besoin de relever le lourd volet pour y voir clair. Et quelle chaleur là-dedans ! De grosses mouches bourdonnaient férocement ; elles ne piquaient pas, elles poignardaient. Je m'asseyais généralement sur le plancher, alors que, perché sur un tabouret, irréprochable et même légèrement parfumé, le comptable écrivait, écrivait... De temps en temps, il se tenait debout pour se dégourdir les jambes.

Lorsqu'un malade – un agent de l'intérieur qu'on rapatriait – fut installé chez lui dans un lit gigogne, il en éprouva une certaine contrariété :

— Les gémissements de ce malade, disait-il, me distraient beaucoup. Et si je ne fais pas assez preuve d'attention, il va devenir extrêmement difficile d'éviter les erreurs de copie sous ce climat...

Un jour, il remarqua, sans lever la tête :

— À l'intérieur des terres, vous rencontrerez certainement M. Kurtz.

Comme je lui demandais qui était ce M. Kurtz, il m'expliqua que c'était un agent de premier ordre et, constatant la déception que me causait cette information sommaire, il posa son porte-plume et ajouta lentement :

— C'est un homme tout à fait remarquable...

Après force questions je finis par apprendre encore que M. Kurtz dirigeait un poste de traite très important ; « au fin fond là-bas », dans le vrai pays de l'ivoire.

— Il nous envoie autant d'ivoire que tous les autres réunis, conclut-il, puis il se remit à écrire.

L'homme malade était trop accablé pour gémir. Les mouches bourdonnaient dans un grand calme. Soudain, il y eut un murmure grossissant de voix et un grand bruit de bousculade. Une caravane venait d'arriver. Des éclats de voix violents aux sonorités barbares montèrent de l'autre côté des planches. Tous les porteurs parlaient en même temps, et au milieu de ce brouhaha, on distinguait la voix désespérée de l'agent principal qui disait « y renoncer » pour la vingtième fois ce jour-là. Le comptable se leva avec lenteur.

— Quel terrible vacarme ! dit-il en traversant la pièce avec précaution pour jeter un coup d'œil sur le malade, avant de revenir vers moi. Il n'entend plus, fit-il ensuite.

— Quoi ? Il est mort ?! m'exclamai-je, saisi.

— Non, pas encore, répondit-il avec un grand calme.

Faisant ensuite allusion d'un signe de tête au tumulte de la cour :

— Quand on doit passer des écritures correctement, on en arrive à détester ces bruyants sauvages, à les détester à mort...

Il demeura un instant pensif.

— Lorsque vous verrez M. Kurtz, reprit-il, dites-lui de ma part que tout ici – et il jeta un coup d'œil sur sa grande table – va très bien. Je n'aime guère lui écrire : lorsque nous échangeons par courrier, on ne sait jamais entre quelles mains une lettre peut tomber au poste central.

Il me considéra un instant de ses gros yeux placides.

— Oh ! Il ira loin, très loin, reprit-il. Il sera quelqu'un dans l'administration d'ici peu... C'est leur intention claire à ces messieurs là-bas. – Je veux dire au Conseil, en Europe... acheva-t-il avant de se remettre au travail.

Le bruit dehors avait cessé. Alors que je m'apprêtais à sortir, je m'arrêtai un instant sur le seuil. Parmi l'incessant bourdonnement des mouches, l'agent qu'on allait rapatrier gisait, inerte et congestionné ; l'autre, penché sur ses livres, passait en écriture le plus correctement possible des opérations parfaitement justes. À cinquante pieds en contrebas, j'apercevais les cimes immobiles du bosquet de la mort.

Le lendemain, je quittai enfin le poste, avec une caravane de soixante hommes, pour un périple de trois cents kilomètres à pied. Inutile de vous en dire long là-dessus. Des pistes, des pistes partout, un réseau de pistes foulées, étendues à travers un pays vide, recouvert d'herbes hautes, d'herbes brûlées, de broussailles, descendant des ravines fraîches, remontant des collines embrasées de chaleur – et parmi quelle solitude ! personne, pas une seule hutte. Les populations s'étaient enfuies depuis bien longtemps. Ma foi, à supposer qu'une bande de Nègres mystérieux, porteurs de toutes sortes d'armes terribles, prît fantaisie à circuler sur la route de Deal à Gravesend, en mettant la main au collet de tous les ruraux à droite et à gauche pour leur faire porter des fardeaux, j'imagine volontiers qu'il ne faudrait pas longtemps pour vider proprement fermes et cottages dans ces parages. Seulement, ici, les habitations elles-mêmes avaient disparu. Je traversai pourtant quelques villages abandonnés. Il y avait quelque chose de réellement pathétique dans ces ruines couvertes d'herbe…

Les jours se succédaient au rythme du pas traînant marqué par les soixante paires de pieds nus derrière moi, chaque homme supportant une charge de trente livres. Camper, cuisiner, dormir, décamper et puis marcher. Parfois nous trouvions un porteur mort sous son harnais, gisant dans les hautes herbes près de la piste, avec une gourde vide et son long bâton à côté de lui. Un grand silence régnait autour et au-dessus de nous. À peine entendait-on par certaines nuits tranquilles le frémissement d'un tam-tam dans le lointain, tour à tour s'effaçant et s'enflant, tremblement indistinct et vaste, rumeur étrange, attirante, évocatrice et barbare ; dont la signification, peut-être, était aussi sacrée que le son des cloches en terre chrétienne. Un jour, nous croisâmes un Blanc en uniforme déboutonné, campé en travers de la piste, avec une escorte en armes de maigres Zanzibaristes, fort hospitaliers et bien joyeux, pour ne pas dire ivres. Ils s'occupaient soit disant de l'entretien de la route. On ne peut pourtant pas dire qu'on put constater la présence de la moindre route ou d'un entretien quelconque, à moins que le corps d'un Nègre d'âge mûr, le front troué d'une balle, et sur lequel je buttai littéralement à une lieue de là, ne dût être considéré comme une amélioration d'ordre permanent. J'avais pour compagnon un autre Blanc, pas mauvais garçon, mais bien trop gros, et doté de l'exaspérante habitude de tourner de l'œil à chaque fois qu'il fallait gravir une côte sous le soleil brûlant, à des kilomètres du plus petit coin d'ombre ou d'un point d'eau. Il était relativement énervant, je vous prie de me croire, d'avoir à déployer son veston comme un parasol au-dessus de la tête de quelqu'un, en attendant qu'il veuille bien revenir à lui. Je ne pus m'empêcher de lui demander un jour ce que diable il venait faire dans ce pays.

— Drôle de question ! Faire de l'argent, parbleu ! me répondit-il avec un air méprisant.

Il contracta ensuite une mauvaise fièvre, et il fallut le porter dans un hamac suspendu à une perche. Comme il pesait plus de deux cents livres, plusieurs porteurs firent des histoires sans fin… Ils se rebiffaient, prenaient le large, désertaient la nuit furtivement avec leurs charges : une mutinerie, quoi ! C'est ainsi qu'un soir, je leur tins un discours en anglais, avec force gestes, dont pas un ne fut perdu pour les soixante paires d'yeux qui me regardaient, et le matin qui suivit, je fis démarrer le hamac en tête du convoi comme il le fallait. Une heure plus tard, je découvrais tout le chargement chaviré dans la brousse – l'homme, le hamac, les gémissements, les couvertures, les frissons. La lourde perche avait écorché son pauvre nez et j'avais très envie de tuer quelqu'un ; mais il n'y avait pas l'ombre d'un porteur à proximité. Je me souvins des paroles du vieux médecin : « Il serait intéressant pour la science de suivre sur place les modifications mentales de l'individu… » Je constatai que je commençais à devenir scientifiquement intéressant. Du reste tout cela est hors de propos.

Le quinzième jour, je me retrouvai en vue du grand fleuve et fis mon entrée, clopin-clopant, au poste central. Il se trouvait au fond d'une crique, entouré de broussailles et de forêts, bordé d'un côté par un fameux banc de vase puante et des trois autres, par une clôture de roseaux décrépits. Un trou béant dans celle-ci représentait la porte, et un premier coup d'œil jeté à l'intérieur suffisait à prouver qu'un démon hypocrite régnait là en maître. Des hommes blancs, de longs bâtons à la main, surgirent avec langueur d'entre les bâtiments, s'approchèrent en flânant pour me considérer, puis disparurent je ne sais où. L'un d'eux, trapu, l'air nerveux, avec des moustaches noires, m'informa avec volubilité et force digressions que mon vapeur était au fond du fleuve, à peine lui eussé-je appris qui j'étais. Je demeurai confondu.

— Quoi ?!

— Oh, tout va bien. Le directeur lui-même était présent... Tout s'est passé régulièrement. Chacun s'est comporté de façon admirable... Il faut que vous alliez voir le directeur général tout de suite, continua-t-il avec agitation. Il vous attend.

Je ne saisis pas sur-le-champ la signification de ce naufrage. Je crois bien que je la perçois à présent, bien qu'au fond je n'ose rien affirmer. Toute cette histoire était probablement trop stupide, à bien y réfléchir, pour être tout à fait naturelle ! Cependant...

LA DOUBLE VIE DE TÉOPHRASTE LONGUET

GASTON LEROUX

Choisi par le défunt pour « la solidité de son intelligence », un journaliste du *Matin* hérite un beau jour d'un étrange témoignage manuscrit. Celui de Théophraste Longuet, brave homme un peu timoré et victime d'un phénomène extraordinaire : le fantôme d'un bandit du XVIIIe siècle, un dénommé Cartouche, aurait pris possession de son corps. Dès lors, ce « double » bien embarrassant s'emparera régulièrement du corps de Téophraste, le menant de rebondissements en rebondissements, notamment sur la piste d'une chasse au trésor et à la rencontre du peuple Talpa qui vit dans les catacombes de Paris depuis plusieurs siècles...

L'étrange aventure de M. Théophraste Longuet, qui devait se terminer d'une façon si tragique, eut son origine dans une visite que cet homme de bien fit à la prison de la Conciergerie, le vingt-huitième jour de juin 1899. Ainsi l'histoire est d'hier, mais l'auteur de ces lignes, après avoir feuilleté, compulsé, interrogé avec une grande conscience tous les papiers, cahiers, mémoires et testaments du sieur Théophraste Longuet, ose dire qu'elle n'en est pas moins fantastique.

M. Théophraste Longuet, quand il sonna à la porte de la Conciergerie, n'était point seul : il était accompagné de sa femme, Marceline, qui était une fort belle femme, blonde et mûre, la « majestueuse enfant » dont parle le poète. Marceline balançait son col « avec d'étranges grâces » ; et, vraiment, je ne trouve rien de mieux à vous dire sur cette aimable personne, pour vous donner la sensation un peu vague mais réelle de son aspect général, que les deux vers de Baudelaire :

Quand tu vas, balayant l'air de ta jupe large,
Tu fais l'effet d'un beau vaisseau qui prend le large.

M. Théophraste Longuet était donc accompagné de sa femme et aussi de M. Adolphe Lecamus, son meilleur ami.

La porte de fer trouée d'un petit judas grillagé tourna sur ses gonds avec pesanteur, comme il sied à une porte de prison, et un gardien, secoueur de clefs, demanda à Théophraste sa « permission ». Celui-ci était allé la chercher le matin même à la préfecture de police ; il la tendit avec satisfaction et, confiant dans son droit, regarda son ami Adolphe.

Il admirait Adolphe presque autant que sa femme.

Ce n'était point qu'Adolphe fût absolument beau, mais il avait une figure énergique et il n'y avait rien au monde que Théophraste, l'homme le plus timide de Paris, prisât tant que l'énergie. Ce front large et bombé – tandis que le sien était court et perpendiculaire – ces sourcils horizontaux et bien fournis, qui se relevaient d'ordinaire avec harmonie pour exprimer le dédain des autres et la confiance en soi, ce regard aigu – tandis que ses yeux pâles, à lui, clignaient sous des lunettes de myope – ce nez droit, l'arc orgueilleux de cette lèvre, surmontée de la moustache brune en volute, le dessin carré du menton, bref, toute cette vivante antithèse de sa figure falote aux joues blettes était l'objet continuel de sa tacite admiration. De plus, Adolphe avait été employé supérieur des postes en Tunisie. Il avait donc « traversé la mer ».

Théophraste, lui, n'avait jamais rien traversé du tout. Certainement il avait traversé la Seine, il avait traversé Paris, mais on ne saurait prétendre sérieusement que ce sont là des traversées.

— Pourtant, disait-il, pourtant, on court quelquefois de plus grands risques en se promenant dans les rues de Paris qu'en naviguant sur les grands *steamers* (il prononçait : sté-a-mairs). Il peut vous tomber, sur la tête, un pot de fleurs !

Ainsi il aimait, par des imaginations inoffensives, introduire dans son existence monotone et exempte de tout danger apparent la perspective troublante des plus inattendues catastrophes.

Le gardien-portier remit la petite troupe à la disposition du gardien-chef qui passait.

Marceline était très impressionnée. Elle s'appuyait au bras d'Adolphe. Elle pensait au cachot de Marie-Antoinette et au musée Grévin.

Le gardien-chef dit :

— Vous êtes français ?

Théophraste s'arrêta au milieu de la cour.

— Est-ce que nous ressemblons à des Anglais ? fit-il.

Et, en posant cette question, il souriait avec audace, car il était bien sûr d'être français.

— C'est bien la première fois, expliqua le gardien-chef, que je vois des Français demander à visiter la Conciergerie. Les Français, à l'ordinaire, ne visitent rien.

— Ils ont tort, Monsieur, répliqua Théophraste en essuyant les verres de ses lunettes. Ils ont tort. Les monuments du passé sont le livre de l'Histoire.

Il s'arrêta et regarda Adolphe et sa femme.

Évidemment, il trouvait la phrase belle. Mais Adolphe et Marceline ne l'avaient pas entendue. Il continua, en suivant l'homme porte-clefs :

— Moi, je suis un vieux Parisien et, si j'ai attendu ce jour pour visiter les monuments du passé, c'est que mon état – je fabriquais la semaine dernière encore, Monsieur, des timbres en caoutchouc – ne m'a point laissé de loisir jusqu'à l'heure de la retraite. Cette heure a sonné, Monsieur, je vais m'instruire.

Et il frappa avec autorité le pavé séculaire du bout de son ombrelle verte. Puis ils franchirent tous une petite porte et un grand guichet. Ils descendirent quelques marches et furent dans la salle des Gardes.

Et la première chose qui arrêta leurs regards fit sourire Adolphe, rougir Marceline, s'insurger Théophraste. C'était, au chapiteau d'une de ces sveltes colonnes gothiques qui sont le suprême orgueil de l'architecture au treizième siècle, l'histoire en pierre et symbolique d'Héloïse et d'Abélard. Abélard s'appuyait fort tristement à la protégée du chanoine Fulbert, cependant que celle-ci recueillait, d'une main attendrie, la cause de tous leurs malheurs.

— Il est étrange, fit M. Longuet en entraînant précisément sa femme et son ami, il est étrange que, sous prétexte d'art gothique, le gouvernement tolère de pareilles obscénités. Ce chapiteau déshonore la Conciergerie et il est incroyable que saint Louis, qui rendait la justice sous un chêne, ait pu en supporter la vue.

M. Lecamus n'était point de cet avis. Il disait : « L'art sauve tout ».

Mais bientôt ils ne parlèrent plus et furent uniquement à leurs réflexions. Ils faisaient tout leur possible pour que ces vieux murs, qui évoquaient une si prodigieuse histoire, leur laissassent une impression durable. Ils n'étaient pas des brutes. Pendant que le gardien-chef les conduisait dans la tour de César, ou dans la tour d'Argent, ou dans la tour Bon Bec, ils se disaient vaguement qu'il y avait eu là depuis plus de mille ans des prisonniers illustres dont ils avaient oublié les noms.

Marceline continuait à penser à Marie-Antoinette, à madame Élisabeth et au petit Dauphin, et aussi aux gendarmes de cire qui veillent, dans les musées, sur la famille royale. Ainsi, elle visitait la Conciergerie, tandis qu'en esprit elle était au Temple.

Mais elle ne s'en doutait pas.

Comme ils descendaient de la tour d'Argent, où ils avaient trouvé pour tout souvenir moyenâgeux un vieux monsieur sur un rond-de-cuir, derrière un bureau modern-style, classant des papiers relatifs aux derniers internés politiques de la troisième République, ils retombèrent dans la salle des Gardes, se dirigeant vers la tour Bon Bec.

Théophraste, qui avait son idée, demanda au gardien-chef :

— N'est-ce pas ici, monsieur, que s'est passé le dernier repas des Girondins ?

Et il fut heureux d'ajouter, car il mettait quelque amour-propre à paraître renseigné :

— Vous devriez bien nous dire exactement où se trouvait la table, et aussi la place qu'occupait Camille Desmoulins.

Le gardien répondit que les Girondins avaient dîné dans la chapelle et qu'on la visiterait bientôt.

— Si je tiens à connaître la place de Camille Desmoulins, dit Théophraste, c'est que Camille Desmoulins est mon ami.

— À moi aussi, fit Marceline, avec un regard d'une grande douceur vers M. Adolphe Lecamus, regard qui signifiait – on peut le jurer – « Pas autant que toi, Adolphe ».

Mais Adolphe se moqua d'eux. Il prétendit que Camille n'était pas un Girondin. Théophraste fut vexé et un peu aussi Marceline. Quand Adolphe eut affirmé que c'était un Cordelier, un ami de Danton, un septembriseur, Marceline nia :

— Jamais, dit-elle, s'il en eût été ainsi, jamais Lucie ne l'eût épousé !

M. Adolphe Lecamus n'insista pas, mais comme on était arrivé à la tour Bon Bec, dans la salle de la Torture, il feignit, par condescendance, de s'intéresser aux étiquettes qui annonçaient, sur les tiroirs garnissant les murs, du houblon, de la cannelle, du séné.

Le gardien dit :

— Ceci est la salle de la question. On en a fait la pharmacie.

— On a bien fait, répliqua Théophraste ; c'est plus humain.

— Sans doute, ajouta Adolphe, mais c'est moins impressionnant.

Marceline, du coup, fut de son avis. On n'était pas impressionné du tout. Ah ! ils attendaient autre chose.

Quand on passe sur le quai de l'Horloge, l'aspect formidable de ces tours féodales, « dernier vestige » du palais de la vieille monarchie franque, porte un trouble momentané dans l'esprit du plus ignorant. Cette prison millénaire a entendu tant de râles magnifiques et caché de si lointaines et légendaires misères, qu'il semble bien que l'on n'a qu'à y pénétrer pour trouver, assise en quelque coin sombre, humide et funeste, l'Histoire tragique de Paris, immortelle comme ces murs.

Or voici que dans ces tours, avec un peu de plâtre, de parquet, de peinture, on a fait le cabinet de M. le directeur, le bureau du greffier ; on a mis le potard là où autrefois se tenait le bourreau. Comme dit Théophraste, c'est plus humain.

Mais, tout de même, comme c'est moins impressionnant, ainsi que l'affirme M. Adolphe, cette visite du vingt-huitième jour de juin 1899 menaçait de ne laisser chez nos trois personnages que le souvenir passager d'une complète désillusion, quand survint un événement inouï et si curieusement fantastique que j'ai cru de toute nécessité, après avoir lu la relation qui en a été faite par Théophraste Longuet lui-même dans ses mémoires, d'aller interroger le gardien-chef, qui me confirma la scène en ces termes.

— Monsieur, la chose s'était passée comme à l'ordinaire et je venais de faire visiter à ces messieurs et dame les cuisines de saint Louis, qui sont maintenant un dépôt de plâtres. Nous nous dirigions vers le cachot de Marie-Antoinette, qui est maintenant une petite chapelle. Le Christ devant lequel elle a prié avant de monter dans la charrette est aujourd'hui dans le cabinet de M. le directeur.

— Passez ! passez ! interrompis-je, et au fait.

— Mais nous y sommes. Je racontais à l'homme à l'ombrelle verte que nous nous étions vus forcés de placer dans le cabinet de M. le directeur le fauteuil de la reine, parce que les Anglais emportaient tout le crin de ce fauteuil dans leurs porte-monnaie.

— Eh ! passez ! m'exclamai-je, impatienté.

— Monsieur, il faut bien que je vous répète ce que je racontais à l'homme à l'ombrelle verte, quand il m'interrompit sur un ton tellement étrange que l'autre monsieur et la dame remarquèrent tout haut « qu'ils ne reconnaissaient plus sa voix ».

— Ah ! Ah ! Et que vous disait-il ?

— Nous étions arrivés exactement à l'extrémité de la rue de Paris. (Vous savez ce que c'est que la rue de Paris à la Conciergerie ?)

— Oui, oui, continuez.

— Nous touchions à cet affreux couloir noir où se trouve une grille derrière laquelle on coupait les cheveux des femmes avant de les exécuter. Vous savez que c'est toujours la même grille ?

— Oui, oui, continuez.

— C'est un couloir, Monsieur, où jamais ne pénètre un rayon de soleil. Vous savez que Marie-Antoinette, Monsieur, a suivi ce couloir le jour de sa mort ?

— Oui, oui, continuez.

— C'est là, Monsieur, la vieille Conciergerie dans toute son horreur… Alors, l'homme à l'ombrelle verte me dit : « Parbleu ! C'est l'allée des Pailleux ! »

— Il vous dit cela ? Rappelez-vous ; il vous dit bien : « Parbleu ! »

— Oui, Monsieur.

— Ce n'est pas extraordinairement étonnant qu'il vous ai dit : « Parbleu ! C'est l'allée des Pailleux ! »

— Attendez ! Attendez ! Je lui répondis qu'il se trompait, que l'allée des Pailleux devait être cette allée que nous appelons aujourd'hui la rue de Paris. Il me répliqua avec cette même voix étrange : « Parbleu ! Vous n'allez pas me l'apprendre ! J'y ai couché sur la paille, comme les autres ! » Je lui fis remarquer en souriant, non sans crainte, qu'on n'avait pas couché sur la paille, dans l'allée des Pailleux, depuis plus de deux cents ans.

— Et que vous répondit-il ? fis-je au gardien.

— Il allait me répondre quand sa femme intervint : « Qu'est-ce que tu racontes, Théophraste ? dit-elle. Tu veux apprendre son métier à Monsieur et tu n'es jamais venu à la Conciergerie. » Alors il dit, mais avec sa voix naturelle, la voix que je lui connaissais au commencement : « C'est vrai, je ne suis jamais venu à la Conciergerie. »

— Et que fîtes-vous alors ?

— Je ne m'expliquais point cet incident et je le croyais terminé quand il se passa quelque chose de plus étrange encore.

— Ah ! Ah !

— Nous avions visité le cachot de la reine et celui de Robespierre, et la chapelle des Girondins, et cette petite porte qui n'a point changé depuis que les malheureux prisonniers de septembre la franchirent pour se faire massacrer dans la cour ; nous étions revenus dans la rue de Paris. Il y avait là, sur la gauche, un petit escalier que nous ne descendons jamais, car il conduit aux caves et il n'y a rien à voir dans les caves, que la nuit qui y règne éternellement. La porte qui est au bas de ce petit escalier est fermée par une grille, qui a peut-être mille ans et même davantage. Le monsieur que l'on appelle Adolphe se dirigeait, avec la dame, vers la porte de sortie de la salle des Gardes quand, sans rien dire, l'homme à l'ombrelle verte descendit le petit escalier. Quand il fut à la grille, il cria, avec la voix étrange dont je vous ai parlé tout à l'heure : « Eh bien ! Où allez-vous ? C'est par ici ! »

Le monsieur, la dame et moi, nous nous arrêtâmes comme pétrifiés. Il faut vous dire, monsieur, que sa voix était tout à fait terrible et que rien dans l'aspect de l'homme à l'ombrelle verte ne préparait à entendre une voix pareille. Je courus comme malgré moi au haut du petit escalier. L'homme me lança un regard foudroyant. Vrai, j'étais comme foudroyé, pétrifié et foudroyé, oui, Monsieur, et quand il m'ordonna : « Ouvrez cette grille ! » je ne sais comment j'ai trouvé encore la force de descendre précipitamment les degrés et de lui ouvrir la porte, ainsi qu'il me le demandait d'une façon si exceptionnellement énergique. Alors...

— Alors ?

— Alors, quand la grille fut ouverte, il s'enfonça dans la nuit des caves. Où allait-il ? Comment trouvait-il son chemin ? Ces bas-fonds de la Conciergerie sont plongés dans d'effrayantes ténèbres que rien ne vient troubler depuis des siècles et des siècles.

— Vous n'avez pas tenté de l'arrêter ?

— Il était déjà trop loin et ce n'était pas en mon pouvoir. L'Homme à l'ombrelle verte me commandait. Je restai ainsi un quart d'heure environ, à l'entrée de cette nuit opaque. Soudain, j'entendis sa voix, pas la première mais la seconde voix. J'en fus tellement saisi que je m'accrochai aux barreaux de la porte. Il criait : « C'est toi, Simon l'Auvergnat ? »

Je ne répondis rien. Il passa près de moi et il me sembla qu'il mettait un chiffon de papier dans la poche de sa jaquette : il franchit d'un bond l'escalier et rejoignit l'autre monsieur et la dame. Il ne leur donna aucune explication. Moi, je courus leur ouvrir la porte de la prison. J'avais hâte de les voir dehors. Quand le guichet fut ouvert et que l'homme à l'ombrelle verte se trouva sur le seuil, devant le quai, il prononça, sans raison apparente, cette phrase : « Il faut éviter la roue ! » Je dis, Monsieur, sans raison apparente, car il ne passait pas de voiture.

* * *

Que s'était-il passé ? Je reproduis textuellement ce que M. Théophraste Longuet a bien voulu me confier de cette exceptionnelle aventure dans ses mémoires, au jour le jour.

« Je suis un homme sain de corps et d'esprit, confesse Théophraste. Je suis un bon citoyen, c'est-à-dire que je ne me suis jamais élevé contre la règle. Il faut des lois. Je les ai toujours observées. Du moins, je le crois.

« J'ai toujours eu la haine de l'imagination ; par là, j'entends que, dans toutes les circonstances de la vie, soit qu'il s'agît de placer mon amitié, soit que j'eusse à déterminer une ligne de conduite, j'ai pris soin de me rapprocher du bon sens. Le plus simple semblait le meilleur.

« J'ai beaucoup souffert, par exemple, lorsque je découvris que mon ami Adolphe Lecamus, un ancien camarade de collège, se livrait à l'étude du spiritisme.

« Qui dit spiritisme dit folie. Vouloir interroger les esprits par le truchement des tables tournantes est une chose éminemment grotesque. Du reste, j'ai assisté à quelques séances que cet excellent Adolphe nous donna à Marceline et à moi. J'y pris une certaine part, désireux de lui prouver l'absurdité de ses théories. Des heures, nous restâmes, Adolphe, ma femme et moi, les mains sur un petit guéridon qui jamais ne se décida à tourner. Je me moquai fort de lui. Ma femme m'en voulut un peu, parce que les femmes sont toujours prêtes à ajouter foi à l'impossible et à croire au mystérieux.

« Adolphe lui apportait des livres, qu'elle lisait avec avidité, et s'amusait quelquefois à vouloir l'endormir, à lui faire des passes avec les mains et à lui souffler dans les yeux. C'était bête comme tout. Jamais je n'aurais supporté cela d'un autre, mais j'ai toujours eu du penchant pour Adolphe. Il a une figure énergique et il a beaucoup voyagé.

« Marceline et Adolphe disaient de moi que j'étais un sceptique. Je leur répondais que je n'étais point un sceptique, attendu qu'un sceptique est celui qui ne croit à rien ou qui doute de tout ; or, moi, je crois à tout ce qu'il faut croire ; je crois, par exemple, au progrès. Je ne suis pas un sceptique, je suis un sage.

« Pendant ses voyages, Adolphe a beaucoup lu ; moi, pendant ce temps-là, je fabriquais des timbres en caoutchouc. J'étais, je suis encore ce que l'on a coutume d'appeler un esprit terre à terre. Je ne m'en vante pas ; je constate, simplement.

« J'ai cru utile de donner ce léger aperçu de mon caractère pour qu'il fût bien entendu que ce qui m'est arrivé avant-hier *n'est point de ma faute*. Je visitais une prison, comme je serais allé acheter une cravate au Louvre. Je voulais m'instruire, voilà tout. J'ai maintenant des loisirs, puisque nous avons vendu notre fonds. Je me suis dit : "Faisons comme les Anglais, visitons Paris." Et le hasard voulut que nous débutâmes par la Conciergerie.

« Je le regrette bien.

« Est-ce que je le regrette vraiment ? Je ne sais. Je ne sais plus rien. Je ne me rends plus compte de rien. En ce moment, je suis très calme. Et je vais vous raconter ce dont je me souviens, comme si la chose était arrivée à un autre. Tout de même, quelle histoire !

« Tant que nous fûmes dans les tours, il ne se passa rien qui vaille la peine d'être rapporté ici. Je me rappelle que, me trouvant dans la tour Bon Bec, je me disais : "Et quoi ! c'est ici, dans cette petite salle qui a l'air d'une épicerie, qu'il y eut tant de douleurs et que furent martyrisées tant d'illustres victimes !" J'essayai honnêtement de me représenter l'horreur de ces lieux quand le bourreau et ses aides s'approchaient des prisonniers avec leurs monstrueux engins, dans le dessein de leur faire avouer des crimes intéressant l'État. Mais, à cause justement des petites étiquettes des tiroirs sur lesquelles on lisait ; "séné, houblon" je n'y parvenais pas.

« La tour Bon Bec ! On l'appelait aussi la Bavarde, à cause des cris horribles qui s'en échappaient et qui allaient troubler sur le quai le passant inoffensif qui hâtait le pas, tout frissonnant encore d'avoir entendu la justice du roi.

« Maintenant, elle était bien paisible et toute silencieuse, la tour Bon Bec. Je ne m'en plaindrai point : c'est le progrès.

« Mais quand nous pénétrâmes dans cette partie de la Conciergerie qui n'a guère changé depuis des siècles, quand nous glissâmes entre ces pierres nues que n'ont recouvert aucun enduit nouveau, aucun plâtre profane, une fièvre inexplicable s'empara de mes sens, et quand nous fûmes dans le noir du bout de l'allée des Pailleux, je criai : "Parbleu ! C'est l'allée des Pailleux !"

« Aussitôt, je me retournai, pour savoir qui avait crié cela. Mais ils me regardaient tous et je vis bien que c'était moi qui avais crié cela. J'en avais la gorge encore toute frémissante.

« Cet imbécile de gardien prétendait que nous avions dépassé l'allée des Pailleux. Je lui dis son fait et il ne répliqua pas. J'en étais sûr, vous entendez bien, j'en étais sûr que c'était l'allée des Pailleux. Pourquoi en étais-je sûr ? Je lui répondis que j'y avais couché sur la paille ; mais c'est absurde ! Comment voulez-vous que j'aie couché sur la paille dans l'allée des Pailleux, puisque c'est la première fois que je vais à la Conciergerie ? Alors, en étais-je sûr ? Voilà ce qui m'épouvante. J'avais un mal de tête atroce.

« Mon front brûlait, cependant que je le sentais balayé par un grand courant d'air froid. Enfin, j'essaie de m'expliquer : j'avais froid au dehors, j'étais une fournaise au dedans.

« Qu'est-ce que nous avons fait ? Je me suis, un moment, promené bien tranquillement dans la chapelle des Girondins, et, ma foi, pendant que le gardien nous expliquait l'histoire, je jouais avec mon ombrelle verte. Je n'avais conservé aucun ennui de m'être montré si bizarre tout à l'heure. J'étais naturel. Mais, du reste, je n'ai jamais cessé d'être naturel.

« Ce qui m'est arrivé par la suite et que je vais vous conter était naturel, puisque cela n'était le résultat d'aucun effort. Ce qui n'aurait pas été naturel, c'est que ça ne m'arriva pas.

« Je me souviens que je me suis trouvé, au bas d'un escalier, debout devant une grille. J'étais doué d'une force surhumaine ; je secouai la grille et je criai : “Par ici !” Les autres, *qui ne savaient pas,* tardaient à venir et se trompaient de chemin. Je ne sais pas ce que j'aurais fait de la grille, si le gardien ne me l'avait ouverte ; je ne sais pas non plus ce que j'aurais fait du gardien. J'étais fou. Non, je n'ai pas le droit de dire cela. Je n'étais pas fou ; et c'est un grand malheur. C'est pire que si j'eusse été fou.

« Certes, j'étais dans une grande surexcitation nerveuse, mais je jouissais d'une entière lucidité. Je crois que je n'ai jamais vu aussi clair, et cependant j'étais dans les ténèbres ; je crois que je ne me suis jamais mieux souvenu, et cependant j'étais dans des lieux que je ne connaissais pas. Mon Dieu ! je ne les connaissais pas et *je les reconnaissais* ! Je n'hésitais pas sur mon chemin ; mes mains tâtonnantes retrouvaient des pierres qu'elles allaient chercher dans la nuit et mes pieds foulaient un sol qui ne pouvait m'être étranger.

« Qui pourra jamais dire l'antiquité de ce sol ; qui pourra vous apprendre l'âge de ces pierres ? *Moi-même je ne le sais pas.* On parle de l'origine du Palais ? Qu'est-ce que l'origine du vieux palais des Francs ? On pourrait peut-être dire quand ces pierres finiront, mais nul ne dira jamais quand elles ont commencé. Et elles sont oubliées, ces pierres, dans la nuit millénaire des caves. L'étrange est que je m'en sois ressouvenu.

« Je glissais le long des parois humides, comme si ce chemin m'était coutumier ; j'attendais certaines aspérités de la muraille et elles venaient au bout de mes ongles ; je comptais les joints des pierres et je savais qu'au bout de ce compte je n'aurais qu'à me retourner pour apercevoir au lointain d'une galerie *un rayon que le soleil y a oublié depuis le commencement de l'Histoire de France.* Je me retournai et je vis le rayon, *et je sentis à grands coups, battre mon cœur du fond des siècles.* »

Ici, dans le manuscrit, le récit est momentanément interrompu. M. Longuet explique qu'il se passe en lui, quand il revit cette heure inouïe de la Conciergerie, des choses qui l'agitent, qui le font souffrir. Difficilement, il reste maître de sa pensée. Il a une peine très grande à la suivre. Elle court devant lui comme un cheval emballé dont il aurait lâché les rênes. Elle le dépasse, bondit, s'enfuit en laissant sur le papier des traces de son passage qui sont des mots tellement profonds, dit-il, que « lorsqu'il regarde *dedans* il a le vertige ».

Et il ajoute, non sans épouvante :

« Il faut s'arrêter au bord de ces mots, comme on s'arrête au bord d'un précipice. »

Et il reprend la plume d'une main fiévreuse, continuant à s'enfoncer dans les galeries souterraines.

« Et la Bavarde, la voilà ! Voilà les murs qui ont *entendu.* Ce n'est point là-haut, dans le grand soleil, que la Bavarde parlait, c'est ici, dans cette nuit de la terre ! Voilà des anneaux aux murs. Est-ce l'anneau de Ravaillac ? *Je ne me rappelle plus.*

« Mais vers le rayon, vers l'unique rayon éternel et immobile comme ces immobiles murailles, vers le rayon blême et carré qui, depuis le commencement des âges, a pris et gardé la forme du soupirail, je m'avance, je m'avance, avec une hâte certaine, pendant que la fièvre me consume, flambe et enivre mon cerveau. Mes pieds soudain s'arrêtent, mais si brutalement que l'on pourrait les croire tirés par des mains invisibles qui eussent surgi du sol, et mes doigts courent, glissent le long de la muraille, pétrissent *cet endroit* de la muraille. Qu'est-ce que veulent mes doigts ? *Quelle est la pensée de mes doigts* ? J'avais un canif, voyez-vous, dans ma poche. Et, tout à coup, j'ai laissé choir de dessous mon bras mon ombrelle verte pour prendre dans ma poche mon petit couteau. Et, entre deux pierres, sûrement, j'ai gratté. J'ai fait tomber avec mon couteau, entre deux pierres, de la poussière et de la poudre de ciment. Puis mon couteau a piqué quelque chose entre les deux pierres et a ramené quelque chose.

« Voici pourquoi je suis sûr de n'être point fou. Cette chose est sous mes yeux. Dans mes heures les plus paisibles, moi, Théophraste Longuet, je la puis contempler, sur mon bureau, entre mes derniers modèles de timbres en caoutchouc. Ce n'est pas moi qui suis fou, c'est cette chose qui est folle. C'est un morceau de papier déchiré, maculé… un document dont on pourrait dire l'âge et qui a tout ce qu'il faut pour plonger dans une consternation prodigieuse un honnête marchand de timbres en caoutchouc. Le papier est, vous pensez bien, terriblement moisi. L'humidité a mangé la moitié des mots, qui semblent, à cause de leur teinte rousse, avoir été écrits avec du sang.

« Mais dans ces mots que voici, dans ce document qui avait certainement quelques siècles d'existence, et que je faisais passer dans le rayon carré du soupirail, et que je considérais, le poil hérissé d'horreur, JE RECONNAISSAIS MON ÉCRITURE. »

Voici, traduit au clair, ce précieux et combien mystérieux document :

Mo rt enfui
mes trésors après trahison
du 1er avril
Va prendre l'air
aux Chopinettes
regarde le Four
Regarde le Coq
Fouille espace et tu
seras riche

LE MONDE PERDU

ARTHUR CONAN DOYLE

1912. À Londres, le professeur Challenger, un scientifique brillant et colérique, est convaincu d'avoir découvert au tréfonds de l'Amérique du Sud un haut plateau coupé du monde où subsisteraient des dinosaures encore vivants. Afin de prouver ce qu'il avance à la communauté scientifique sceptique, le professeur monte une expédition à laquelle se joignent son rival, le professeur Summerlee, un chasseur colonial réputé, Lord John Roxton, et le narrateur, Edward Malone, jeune journaliste en quête de scoop et de sensations fortes. Après une longue traversée de l'Atlantique, les quatre explorateurs et leurs guides indiens remontent le fleuve Amazone sur la trace de l'explorateur américain Maple White, le seul homme à s'être jamais aventuré sur le mystérieux plateau…

Ce qui se passe est terrible. Qui aurait pu prévoir de pareils événements ? Et comment imaginer une quelconque issue à ce qui nous arrive ? Nous risquons de rester éternellement prisonniers du lieu étrange et inaccessible que nous avons atteint ! Mon esprit est si confus que j'ai le plus grand mal à considérer le présent et l'avenir. Le premier me terrifie et le second n'est qu'obscurité.

Jamais personne ne s'est trouvé dans une situation pareille. Inutile, d'ailleurs, que j'essaie de vous indiquer notre position géographique ou que je demande du secours à l'un de nos amis ; quand bien même ils réussiraient à nous en envoyer, notre destin serait déjà scellé depuis longtemps quand il arriverait en Amérique.

Nous sommes, me semble-t-il, aussi éloignés de la moindre assistance humaine que si nous étions dans la lune. Soit nous périrons, soit nous triompherons par nous-mêmes. Mes compagnons sont trois hommes exceptionnels, trois hommes à la puissance intellectuelle remarquable et au courage immense. Je ne puis fonder d'espoir que sur eux. Je me raccroche à leur mine imperturbable pour entrevoir une lueur dans nos ténèbres. J'essaie de toutes mes forces de faire preuve du même détachement, bien qu'intérieurement je sois transi de peur.

Mais j'en viens aux circonstances dans lesquelles la catastrophe se produisit.

Quand j'écrivis ma dernière lettre, nous nous trouvions à environ sept milles de la chaîne de falaises rougeâtres qui délimitent le plateau dont parlait le professeur Challenger. Alors que nous nous en rapprochions, elle me parut, par endroits, plus haute qu'il ne l'avait dit. De plus, l'à-pic présentait une succession de plis caractéristiques des formations de basalte, qui m'évoquèrent les rochers de Salisbury à Édimbourg. J'aperçus, au sommet, les indices d'une végétation luxuriante : au-delà des fourrés qui le bordait se dessinaient les silhouettes de grands arbres. En revanche, nous ne distinguions pas la moindre trace de vie.

Ce soir-là, nous établîmes notre campement sur la plaine désolée qui se trouvait au pied de la falaise. Cette dernière semblait nous défier : verticale à sa base, elle devenait évasée dans sa partie supérieure, et son ascension semblait presque impossible. Non loin de là se détachait la fine aiguille rocheuse que je crois avoir déjà évoquée. Telle la flèche d'un clocher, sa pointe surmontée d'un arbre se dressait au même niveau que le plateau dont elle était séparée par un ravin. Le promontoire, là où il faisait face à l'aiguille, était un peu plus bas qu'ailleurs, et sa paroi ne dépassait guère une hauteur de cinq ou six cents pieds.

— C'est là qu'était perché le ptérodactyle, dit Challenger en nous désignant l'arbre. J'avais gravi l'aiguille jusqu'à la moitié quand j'ai tiré sur lui. Je pense d'ailleurs qu'un bon alpiniste pourrait se hisser jusqu'au sommet, mais de là à imaginer qu'il pourrait atteindre le plateau…

Au moment où le professeur Challenger évoquait le ptérodactyle, je jetai un œil en direction de Summerlee. Pour la première fois, toute trace de son scepticisme semblait avoir disparu. Nul rictus moqueur ne se dessinait sur ses lèvres, au contraire, il avait l'air aussi intéressé que surpris. Challenger s'en aperçut comme moi et, savourant les prémices de sa victoire, déclara d'un ton badin :

— Bien entendu, le professeur Summerlee comprendra que, lorsque je parle de ptérodactyle, je veux dire une cigogne. Une cigogne de l'espèce sans plumes, avec une peau de cuir, des ailes membraneuses et des mâchoires armées de dents.

Et il administra un clin d'œil moqueur à son interlocuteur qui, vexé, tourna les talons.

Le lendemain matin, nous déjeunâmes frugalement de café et de manioc, car il fallait économiser nos provisions, puis nous tînmes un conseil de guerre afin de trouver un moyen de rejoindre le plateau.

Challenger présidait la séance, assis sur une grosse pierre, son étrange canotier d'enfant vissé sur la tête, le regard impérieux sous ses paupières basses et la barbe tressautant au rythme du discours qu'il tenait pour nous exposer la situation.

Nous l'écoutions tous les trois : Summerlee, fier et grave, son éternelle pipe au bec ; Lord Roxton, maigre et nerveux, la main appuyée sur son fusil, et moi-même, le plus jeune à la peau brunie par le soleil des contrées que nous avions traversées. Derrière nous, les deux métis et la petite troupe d'Indiens formaient un cercle. Sous nos yeux, l'immense promontoire rocheux semblait nous narguer.

— Inutile de vous préciser, commença Challenger, que j'ai naguère tenté par tous les moyens de gravir la falaise. Dans la mesure où il m'a été impossible d'atteindre le sommet malgré ma connaissance de la montagne, je doute que quiconque eût été plus heureux que moi. Mais je n'avais alors aucun instrument d'escalade ; j'ai donc pris soin cette fois d'en apporter avec moi, ce qui me permet d'affirmer que j'arriverai à monter jusqu'en haut de l'aiguille. Quant à la falaise, de ce que j'ai pu en voir, elle est totalement infranchissable. Lors de ma précédente visite, j'étais pressé par l'approche de la saison des pluies et la crainte de manquer de vivres, ce qui m'empêcha de poursuivre mon exploration au-delà de six milles et de découvrir une voie d'accès vers le plateau. Comment procéder cette fois ?

— Je ne vois qu'une option possible, rétorqua Summerlee, puisque vous avez exploré l'est, allons vers l'ouest, et cherchons un chemin praticable.

— Tout à fait logique ! approuva Lord Roxton. Je suis prêt à parier que le plateau est moins grand qu'il n'y paraît. Je propose que nous en fassions le tour jusqu'à ce que nous trouvions un chemin pour y monter. Nous finirons bien par nous retrouver à notre point de départ.

— Comme je l'ai dit à notre jeune ami, répliqua Challenger en me désignant comme si j'étais un gamin de dix ans, il est tout à fait impossible que nous trouvions un chemin facile d'accès pour nous y rendre, pour la simple et bonne raison que, si un tel chemin existait, le plateau n'aurait pas été coupé de l'univers et n'aurait donc pas échappé aux lois de l'évolution. Cela dit, j'imagine qu'il y ait des endroits par lesquels un homme exercé serait capable de se faufiler, alors qu'un animal lourd et maladroit ne pourrait pas passer. Il doit forcément exister un point d'ascension.

— Comment le savez-vous, Monsieur ? le coupa Summerlee, cassant.

— Grâce au carnet de croquis de Maple White. Il a bien fallu que mon prédécesseur américain soit monté jusqu'au plateau pour voir et dessiner le monstre.

— Vous n'avez aucune preuve de ce que vous avancez, répondit Summerlee, têtu. Je constate que votre plateau est bien réel, puisqu'il est là, devant moi ; mais rien ne démontre qu'il abrite une quelconque forme de vie.

— Ce que vous admettez ou non, Monsieur, n'a que bien peu d'importance. Je suis tout de même ravi d'entendre que l'existence du plateau s'impose à vous.

Challenger leva alors les yeux, et, soudain, s'élançant de son rocher, il attrapa Summerlee par le cou et lui releva la tête en direction du promontoire.

— Et maintenant, Monsieur, rugit-il, la voix vibrant

sous le coup de l'émotion, conviendrez-vous qu'il existe sur le plateau une vie animale ?

De la frange de verdure qui bordait la falaise, il sortait effectivement quelque chose de noir et brillant, qui s'étira lentement au-dessus du vide. C'était un grand serpent à la tête triangulaire qui, dans le soleil du matin, se balança quelques instants de tous ses anneaux, avant de disparaître.

Summerlee qui n'avait d'abord montré aucune résistance à Challenger lorsqu'il lui avait attrapé la tête, piqué par la curiosité, le repoussa dignement :

— Je vous saurais gré, Professeur Challenger, de me parler sans me tenir le menton. Je ne crois pas que l'apparition d'un vulgaire python vous autorise pareille liberté.

— Mais enfin, vous voyez bien que la vie existe sur le plateau ! s'écria Challenger, triomphant. Et maintenant que cela est démontré, sans discussion possible, le mieux que nous puissions faire est de lever le camp et de marcher à l'ouest, à la recherche d'un accès.

Nous nous mîmes en route. Le sol irrégulier rendait notre marche difficile. Fort heureusement, nous eûmes assez vite le plaisir de découvrir les vestiges d'un ancien campement : des boîtes de conserves vides, une clef brisée ayant servi à ouvrir lesdites boîtes, une bouteille portant l'étiquette « brandy », ainsi que nombre d'autres objets du quotidien traînaient par terre. Un numéro du *Chicago Democrat* en lambeaux, dont la date était devenue illisible, venait compléter le tableau.

— Je n'ai jamais campé ici, dit Challenger. Ça ne peut être que Maple White !

Lord Roxton, qui considérait avec attention une grande fougère arborescente dont l'ombre nous recouvrait, remarqua :

— Regardez, voici quelque chose qui ressemble à un indice !

Effectivement, un morceau de bois cloué sur le tronc semblait désigner la direction de l'ouest.

— Vous avez sans doute raison, répondit Challenger, je ne vois pas ce que ça peut être d'autre. Je suppose que notre pionnier, conscient du danger de son entreprise, aura laissé cette marque derrière lui pour guider d'éventuelles recherches. Peut-être trouverons-nous plus loin d'autres traces de son passage ?

En effet, nous en trouvâmes une, aussi surprenante que terrifiante. Le long de la falaise poussaient d'immenses tiges de bambou, identiques à celles à travers lesquelles nous avions dû nous frayer un passage ; la plupart, hautes de vingt pieds, très robustes et très drues, formaient d'impressionnants pieux naturels. Alors que nous marchions, je crus apercevoir une lueur blanche entre les tiges. J'avançai la tête et tombai nez à nez avec un crâne humain dont le squelette gisait quelques pieds plus loin.

Nos Indiens ouvrirent rapidement une brèche dans la végétation à coups de machette, ce qui nous permit d'examiner de plus près ces sinistres ossements. Les vêtements n'étaient plus que de minces lambeaux, en revanche des morceaux de bottines adhéraient encore aux pieds, et nous en déduisîmes que le mort ne pouvait être que blanc. Nous recueillîmes parmi les débris une montre en or signée « Hudson, New York », un stylo retenu par une chaînette et un porte-cigarettes en argent gravé « J. C., de A. E. S. » dont l'état, encore correct, témoignait d'un drame relativement récent.

— Qui cela peut-il bien être ? interrogea Lord Roxton. Le pauvre bougre a dû se rompre tous les os !

— Et le bambou semble avoir poussé au travers de ses côtes ! ajouta Summerlee. C'est une plante qui grandit vite, mais c'est tout de même sidérant qu'elle ait pu croître de vingt pieds depuis l'arrivée du cadavre.

— Je n'ai aucun doute sur l'identité du mort, conclut Challenger. Avant de vous rejoindre, j'ai mené une enquête très rigoureuse sur Maple White. Personne ne semblait le connaître à Para. Heureusement, j'avais un indice précis, un dessin de son album qui le montrait déjeunant à Rosario en compagnie d'un prêtre. Je retrouvai ce religieux et, bien qu'il fût un épouvantable donneur de leçons et qu'il se mit hors de lui lorsque je lui démontrai la supériorité de la science moderne sur ses croyances, il me fournit le renseignement que voici : Maple White était bien passé par Rosario quatre ans auparavant, ou, si vous préférez, deux ans avant la circonstance fortuite qui me rendit témoin de sa mort. Il avait pour compagnon, lors de ce séjour, un Américain nommé James Colver qui n'avait jamais quitté le bateau et que le prêtre n'avait donc jamais vu. Aucun doute possible, ce sont les restes de James Colver que nous avons sous les yeux.

— Et pas de doute non plus qu'il soit mort empalé sur les bambous en tombant du haut de la falaise, ajouta Lord Roxton. Sinon, comment eût-il réussi à traîner jusqu'ici son corps brisé, maintenant traversé par des bambous dont les tiges dépassent nos têtes ?

Un silence suivit ces paroles lourdes de sens. L'aplomb de la falaise avançait sur les pousses de bambous : indubitablement, l'homme était tombé de là-haut. Mais pouvait-il s'agir d'un accident ?... Ce monde inconnu semblait déjà se nimber de tragiques présages.

Nous repartîmes sans mot dire et continuâmes à longer l'immense muraille de pierre, semblable aux monstrueux icebergs des mers antarctiques qui, paraît-il, barrent l'horizon d'un bout à l'autre et dominent de très haut les mâts des navires. Après avoir marché cinq milles et alors que nous n'avions pas encore croisé la moindre brèche dans la roche, nous sentîmes tout d'un coup renaître l'espoir : dessinée à la craie dans une faille rocheuse abritée de la pluie, une flèche grossièrement tracée nous indiquait l'ouest.

— Encore Maple White ! rugit le professeur Challenger qui devait pressentir qu'on ne tarderait pas à retrouver sa trace.

— Il avait de la craie ? demandai-je.

— Il y avait dans son sac une boîte de pastels et je me

souviens parfaitement que le blanc était plus usé que les autres.

— Aucun doute, c'est donc bien lui, dit Summerlee. Il nous suffit de poursuivre vers l'ouest, comme il nous l'indique.

À quelques milles de là, une deuxième flèche blanche nous arrêta à un endroit où une étroite crevasse s'insinuait dans la paroi. Dans cette fissure, une troisième flèche dont la pointe était dirigée vers le haut, nous suggérait que le moment était venu d'escalader.

Les parois étaient si élevées qu'elles ne dessinaient qu'une bande de ciel étroite et frangée de végétation d'où seule une vague clarté nous parvenait. Nous n'avions pas mangé depuis des heures et notre marche éreintante nous avait littéralement épuisés ; mais nos nerfs tendus d'impatience ne nous permettaient pas de nous arrêter ; et, tandis que les Indiens dressaient le camp, nous débutâmes notre ascension, emmenant avec nous les deux métis.

L'ouverture de la fissure ne mesurait pas plus de quarante pieds de large et les murs, raides et lisses, se rapprochaient rapidement jusqu'à se rencontrer. Il n'y avait là aucune ascension possible, et ce n'était pas ce que Maple White avait voulu nous indiquer. Nous redescendîmes la crevasse quand, brusquement, l'œil aiguisé de Lord Roxton découvrit ce que nous étions en train de chercher. Très haut, parmi les ombres, se cachait un cercle d'ombre plus noire encore : l'entrée d'une caverne.

Il nous suffit, pour en être certains, de grimper sur les

blocs de pierres qui s'amoncelaient contre le mur. Non seulement il y avait bien une ouverture dans la paroi, mais sur l'un des côtés de cette ouverture nous trouvâmes encore une flèche ! C'était donc là que se trouvait le passage emprunté par Maple White et son infortuné compagnon.

Dans notre impatience, nous décidâmes de l'explorer immédiatement. Lord Roxton avait sur lui une lampe torche ; il s'en servit pour nous éclairer. Il s'avança le premier, précédé d'un petit rond lumineux, et nous le suivîmes tous en file indienne.

La caverne avait été creusée par l'eau qui en avait poli les parois et jonché le sol de galets ronds. Il nous fallut nous baisser pour nous y introduire. Pendant cinquante yards, le boyau courait presque tout droit dans la roche ; puis il bifurquait à quarante-cinq degrés ; enfin la pente devenait plus raide encore, si bien qu'à la fin nous fûmes obligés de grimper à quatre pattes, en faisant rouler des cailloux derrière nous. Soudain, Lord Roxton poussa un cri :

— C'est bloqué !

Effectivement la lumière jaune de la lampe éclairait un amoncellement de blocs de pierre murant le passage.

— La voûte s'est effondrée !

Nous écartâmes quelques-uns des rochers, sans autre résultat que de risquer de nous faire écraser, car les plus gros, n'étant plus soutenus, menaçaient de nous tomber dessus. Cet obstacle aurait donc raison de nos efforts. L'accès utilisé par Maple White était bouché.

Muets et découragés, nous redescendîmes à tâtons dans

l'obscurité. Mais, en cours de route, se produisit un incident auquel les événements survenus depuis donnent toute son importance.

Alors que notre petit groupe se trouvait à quelques pieds de la sortie de la caverne, un rocher énorme s'abattit près de nous avec violence. Nous l'avions échappé belle ! Et comme nous nous demandions d'où la pierre avait pu dégringoler, nos métis qui, au même moment, débouchaient tout juste de l'orifice, nous dirent qu'ils l'avaient vu rouler devant eux. Elle était donc tombée du sommet de la crevasse. Nous levâmes les yeux sans parvenir à distinguer le moindre mouvement dans le fouillis des broussailles. Cependant, il ne faisait aucun doute que le bloc nous visât : preuve qu'il y avait sur le plateau une forme d'humanité, et une humanité hostile !

Nous battîmes en retraite, vivement émus de l'incident et préoccupés de ses suites éventuelles. Notre situation qui n'avait déjà rien de joyeux auparavant pouvait maintenant devenir tragique si une volonté de nuire humaine venait s'ajouter aux obstacles de la nature ! Et pourtant, lorsque nous levions la tête en direction de la luxuriante bordure de végétation qui nous surplombait, aucun d'entre nous n'eût conçu l'idée de repartir pour Londres sans l'avoir fouillée en profondeur.

De retour au campement, nous convînmes, en discutant, que le meilleur parti à prendre était de continuer notre exploration circulaire afin de trouver un autre moyen d'atteindre le plateau. La ligne de la falaise, sensiblement plus basse, commençait à tourner vers le nord et, en supposant qu'elle soit circulaire, son périmètre ne pouvait être très grand. Au pire, nous nous retrouverions à notre point de départ après quelques jours.

Nous marchâmes ce jour-là vingt-deux milles, sans voir s'ouvrir aucune perspective d'ascension. Le baromètre indiquait que, depuis l'endroit où nous avions laissé nos canots, le niveau du sol s'était élevé de façon constante et nous avait amenés à une altitude de trois mille pieds environ. Il en résultait de très grandes différences de température et de végétation. Nous étions maintenant débarrassés de ces kyrielles d'insectes qui rendent odieuses les régions tropicales. On apercevait encore quelques palmiers, ainsi que de nombreuses fougères arborescentes, mais nous avions laissé derrière nous les immenses arbres amazoniens. J'ai eu le plaisir de revoir des convolvulus, des fleurs de la passion et des bégonias, qui, au milieu de ces roches inhospitalières, me rappelaient mon pays. Un bégonia rouge, notamment, avait exactement la nuance de celui qui pousse sur les fenêtres d'une certaine villa de Streatham... mais voilà que je me perds dans des souvenirs intimes.

La nuit qui suivit cette première journée d'exploration, nous connûmes une mésaventure qui leva tous nos doutes quant aux merveilles dont nous étions si proches.

En lisant cela, cher M. Mc Ardle, vous comprendrez, peut-être pour la première fois, que je n'ai pas embarqué le journal dans une folle entreprise, et que nous pourrons nous réjouir de quelques numéros sensationnels si un jour le professeur autorise la publication de ces articles. Je ne me risquerais d'ailleurs pas à les publier, de peur qu'on me prît pour un menteur éhonté, sans en avoir rapporté des preuves en Angleterre. Je suis certain qu'à cet égard vous partagerez mon sentiment et que vous n'engageriez pas le crédit de la *Gazette* sans avoir de quoi répondre à l'inévitable assaut de la critique. De sorte que l'extraordinaire incident que je m'apprête à vous raconter et qui vous fournirait une si belle manchette ira tranquillement attendre son heure dans vos tiroirs.

Tout se passa en un éclair. Lord Roxton avait tué un de ces animaux qu'on appelle agouti et qui ressemblent vaguement à de petits cochons domestiques, et l'avait partagé en deux, donnant l'une des moitiés à nos Indiens, et mettant l'autre pour nous sur le feu. La température fraîchissant avec le soir, nous nous serrions autour des flammes. La nuit était sans lune, mais quelques étoiles brillaient dans le ciel, et nous pouvions voir à une petite distance devant nous dans la plaine. Soudain, du plus profond des ténèbres, fondit sur nous quelque chose qui agitait une queue comme un aéroplane. La seconde d'après, deux ailes de cuir se tendirent juste au-dessus de nous et nous discernâmes un long cou de serpent, deux yeux rouges et féroces et un long bec pointu garni, à ma profonde stupeur, de petites dents luisantes ! La minute suivante, la vision avait disparu, emportant notre dîner. Une ombre gigantesque, large de vingt pieds, flotta encore un instant dans le ciel et s'évanouit, au-dessus du plateau, d'un battement d'ailes monstrueux. Nous demeurions cois de surprise autour de notre feu, tels ces héros de Virgile recevant la visite des Harpies, quand Summerlee rompit le silence :

— Professeur Challenger, dit-il d'un ton grave et la voix vibrant d'émotion, je vous présente mes excuses. J'ai eu bien des torts envers vous, je vous demande d'oublier le passé.

Il dit cela le plus courtoisement du monde, et, pour la première fois, les deux hommes se tombèrent dans les bras. Voilà ce que notre premier ptérodactyle nous fit gagner, en l'échange de notre dîner !

Si la vie préhistorique existait bel et bien sur le plateau, elle ne devait cependant pas y être surabondante, car trois jours se passèrent ensuite sans que nous en eussions le moindre aperçu. Durant ces trois jours, nous nous dirigeâmes vers le nord, puis vers l'est, traversant des contrées stériles et déprimantes dans lesquelles s'alternaient déserts pierreux et marécages envahis d'oiseaux sauvages. À l'est, la zone est véritablement inaccessible, et, si nous n'avions pas rencontré une espèce de piste à peu près praticable le long de la paroi, nous aurions été forcés de revenir sur nos pas. Il nous arriva à plusieurs reprises de nous enfoncer jusqu'à la ceinture dans la vase d'un marais tropical croupissant et infesté de serpents Jararacas, les plus venimeux et les plus agressifs de toute l'Amérique du Sud. À chaque instant, nous voyions l'une de ces horribles bêtes se tordre et se dresser sur la boue putride dans laquelle nous pataugions, et nous ne devions notre salut qu'à nos fusils que nous tenions toujours prêts à tirer. Je me souviendrai toute ma vie comme d'un cauchemar d'un endroit en particulier où ils semblaient avoir fait leur nid : c'était une sorte de trou, de la forme d'un entonnoir, que le lichen en décomposition teintait d'une couleur grisâtre. Les serpents y grouillaient, s'élançant dans toutes les directions, quand ils détectèrent notre présence, car les Jararacas ont la particularité d'attaquer l'homme ! Et, dans la mesure où ils étaient bien plus nombreux que nous n'aurions pu en tuer, nous prîmes nos jambes à notre cou et nous ne nous arrêtâmes qu'à bout de forces car dès que nous nous retournions, nous pouvions deviner leurs infâmes têtes se lever et s'abaisser entre les roseaux. Sur la carte que nous élaborions, nous avons d'ailleurs appelé ce lieu : « marais des Jararacas ».

De ce côté de la falaise, la roche changeait de couleur, passant du pourpre au brun foncé. Sur la crête, la végétation semblait également moins fournie. Enfin, la paroi n'avait plus qu'une hauteur de trois ou quatre cents pieds. Pour autant, loin de se montrer plus propice à l'ascension, elle semblait s'y refuser davantage.

— Les eaux de pluie doivent nécessairement se frayer un chemin pour s'écouler, dis-je, alors que nous examinions la situation. Elles ont bien dû creuser un passage quelque part dans la roche.

— Notre jeune ami a des éclairs de génie ! ironisa le professeur, en m'assénant une tape sur l'épaule.

— Si, si, persévérai-je, les eaux de pluie ont toujours, quelque part, une voie d'écoulement.

— C'est qu'il insiste ! Malheureusement, nous l'avons vu de nos propres yeux, ce n'est pas à travers ces rochers que l'eau s'écoule.

— Alors, où s'en va-t-elle ? interrogeai-je.

— On pourrait imaginer, je suppose, que, puisqu'elles ne s'écoulent pas au dehors du plateau, elles restent au dedans.

— Il y aurait donc un lac au centre du plateau ?

— Sans doute.

— J'ajouterai que ce lac doit être un ancien cratère, conclut Summerlee. Car ces falaises sont, de toute évidence, de formation volcanique. Je pense que la surface du plateau doit s'incliner de l'extérieur vers l'intérieur, et qu'il existe donc en son centre une nappe d'eau considérable, qui communique peut-être quelque part avec le marais des Jararacas.

— À moins, objecta Challenger, que l'évaporation ne maintienne une forme d'équilibre...

Et les deux savants se lancèrent alors dans un débat scientifique où le profane n'entend que du chinois !

Le sixième jour, nous achevâmes notre tour de la falaise, ce qui nous ramena à notre point de départ, près de l'aiguille solitaire. Nous nous sentions totalement découragés, car après un examen minutieux de la falaise, il apparaissait clairement qu'il n'existait pas le moindre passage permettant à l'homme, même le plus obstiné, de se faufiler. Et nous ne pouvions plus non plus compter sur la piste tracée par Maple White !

Alors que faire ? Nos provisions n'avaient pas trop baissé, grâce au complément de nourriture que nous avait procuré la chasse. Mais elles finiraient tout de même, tôt ou tard, par s'épuiser. Et dans deux mois tout au plus, le retour de la saison des pluies nous obligerait à lever le camp. Nous n'avions donc ni le temps ni les moyens de nous ménager un sentier dans une falaise de pierre aussi haute et, qui plus est, plus dure que le marbre. Nous nous regardions tous quatre d'un air sombre ce soir-là, échangeant à peine quelques mots en cherchant nos couvertures. Je revois encore le professeur, accroupi près du feu, telle une grenouille gigantesque, tenant sa grosse tête entre ses mains, perdu dans ses pensées.

Mais c'est un tout autre Challenger qui m'apparut le lendemain, au réveil ! Un Challenger dont l'autosatisfaction transpirait par tous les pores de la peau ! Quand nous nous retrouvâmes autour du déjeuner, je découvris au fond de son regard une étincelle de fausse modestie qui semblait dire : « Oui, je sais que je mérite vos éloges, mais, de grâce, épargnez-les à ma pudeur ! » Sa barbe frétillait d'exaltation et son torse se bombait tandis que sa main s'accrochait fièrement à son gilet.

J'en vins même à l'imaginer sous la forme d'une statue de bronze, décorant Trafalgar Square, une horreur londonienne parmi tant d'autres !

— *Eurêka !* s'écria-t-il, et ses dents étincelèrent sous sa barbe. Vous pouvez me féliciter, Messieurs, et nous pouvons d'ailleurs tous nous féliciter les uns les autres. J'ai trouvé une solution à notre problème !

— Vous avez trouvé un chemin pour monter au plateau ?

— Je le crois.

— Par quel côté ?

Pour toute réponse, le professeur désigna l'aiguille rocheuse sur notre droite. Nos visages – le mien tout au moins – s'allongèrent. Que Challenger croit possible de gravir l'aiguille, soit, mais un effroyable gouffre la séparait du plateau.

— Nous ne franchirons jamais le fossé, bégayai-je.

— Montons déjà là-haut, répondit le professeur, et je vous prouverai alors que je suis plein de ressources !

Après le déjeuner, nous sortîmes du paquet dans lequel Challenger avait apporté ses instruments d'escalade : deux rouleaux de corde, l'une très forte et l'autre plus légère, des bâtons ferrés, des crampons ainsi que divers accessoires. Lord John était lui aussi accoutumé à l'alpinisme, quant à Summerlee, il était plusieurs fois venu à bout d'ascensions difficiles, j'étais donc le seul novice de la troupe ; je comptais sur mon énergie et ma souplesse pour compenser mon inexpérience.

En réalité, bien que j'eus quelques frayeurs, notre progression ne fut pas trop ardue. La première moitié de l'aiguille se laissa facilement gravir, mais elle devint ensuite de plus en plus raide, si bien qu'à la fin nous dûmes littéralement nous cramponner aux moindres saillies de la roche pour parvenir à l'escalader. Ni Summerlee ni moi ne nous en serions sortis si Challenger, avec une agilité qui tenait du prodige chez un être aussi massif, n'avait le premier gagné le sommet et fixé au gros arbre qui le surmontait une corde qu'il nous lança. Ainsi, nous nous hissâmes le long de la paroi déchiquetée, et nous atterrîmes sur une petite terrasse herbeuse d'environ vingt-cinq pieds de diamètre.

Tout en reprenant haleine, j'admirai l'extraordinaire panorama de la zone que nous venions de traverser. Toute la plaine amazonienne se déroulait à nos pieds, se perdant, à l'horizon, dans un brouillard bleuté. Au premier plan, se dessinait la longue pente jonchée de pierres et parsemée de fougères arborescentes ; plus loin, on distinguait la masse jaune et verte des bambous ; enfin, la végétation se densifiait, devenant progressivement l'immense forêt qui s'étendait à perte de vue sur des centaines de milles.

Je m'enivrais de ce spectacle grandiose quand la lourde main du professeur s'abattit sur mon épaule, me sortant de ma torpeur.

— Par ici, mon jeune ami, dit-il, *vestigia nulla retrorsum.* Ne regardez pas en arrière, mais vers l'avant, en direction de notre objectif.

Je me retournai. Nous nous trouvions tout à fait en face du plateau, et ses arbres étaient si proches de nous qu'il était difficile de concevoir à quel point il demeurait inaccessible. Le gouffre qui nous séparait de notre graal ne devait guère mesurer plus de quarante pieds de large, mais, quand bien même il aurait été dix fois plus large, l'obstacle n'aurait pas été plus infranchissable. Je m'accrochai à l'arbre et me penchai sur le vide. La paroi se dressait, perpendiculaire à nous.

Tout en bas, je discernai les minuscules silhouettes de nos domestiques qui s'agitaient.

— Voilà qui est surprenant ! fit Summerlee de sa voix de crécelle.

Et je le vis qui examinait avec beaucoup de sérieux l'arbre auquel je me cramponnais. Cette écorce unie, ces petites feuilles côtelées, me parurent familières.

— Un hêtre ! m'écriai-je.

— En effet, dit Summerlee, un hêtre. Un de nos compatriotes a poussé sur la terre étrangère !

— Non seulement un compatriote, poursuivit Challenger, mais, qui plus est, un allié, si vous me permettez de filer la métaphore. Ce hêtre va nous sauver.

— Nom d'un chien ! s'écria Lord John, un pont ?

— Absolument, cher ami, un pont ! Ce n'est pas pour rien que j'ai passé la nuit dernière à méditer. Comme je l'ai déjà dit à notre jeune ami, c'est au pied du mur que mes plus grands talents se révèlent ! Et vous admettrez que la nuit dernière nous étions au pied du mur. Mais rien ne peut résister à la volonté et à l'intelligence, il y a toujours une solution. Il s'agissait de trouver un pont-levis à lancer sur l'abîme : le voilà !

L'idée était effectivement excellente. L'arbre s'élevait à une hauteur de soixante pieds, et, abattu, il relierait sans peine les deux rives du gouffre. Challenger, avait pris soin d'apporter avec lui une hache qu'il me tendit.

— Mon jeu ami, vos muscles me semblent tout indiqués pour s'acquitter de cette besogne. Je vous prierai simplement de vous abstenir de réfléchir par vous-même et d'obéir scrupuleusement à mes ordres.

Sur ses indications, j'entaillai donc l'arbre de façon à diriger sa chute, ce qui fut d'autant plus facile que ce dernier penchait déjà en direction du plateau. Puis j'attaquai vigoureusement le tronc. De temps à autre, Lord Roxton me relayait et nous œuvrâmes ainsi à tour de rôle pendant une heure. Enfin, un grand craquement se fit entendre, l'arbre vacilla, s'inclina, se cassa, et ses branches atterrir bruyamment, de l'autre côté du vide, au milieu des broussailles. Le tronc roula doucement vers le bord de la plateforme et pendant une interminable seconde, nous pûmes croire la partie perdue, mais, enfin, à quelques pouces de l'abîme, il s'immobilisa. Notre pont vers l'inconnu se dressait devant nous !

Tous, sans un mot, nous serrâmes la main de Challenger, qui, levant son chapeau de paille, nous salua les uns après les autres d'une profonde révérence.

— Je réclame l'honneur, dit-il, de passer le premier.

Mais comme il s'approchait du pont, Lord Roxton le retint par la manche.

— Mon cher ami, répondit-il, vous demandez quelque chose que je ne puis malheureusement pas vous permettre.

— Que voulez-vous dire, Monsieur ? tonna Challenger, projetant sa barbe en direction de Roxton.

— Sur le terrain de la science, je vous ai suivi les yeux fermés, parce que vous êtes un scientifique. Mais sur mon terrain, c'est à vous de me suivre.

— Votre terrain ?

— Nous avons tous notre propre métier, le mien est de faire la guerre. Nous voici, me semble-t-il, sur le point d'envahir un pays où peuvent nous guetter toutes sortes d'ennemis. Je refuse que, par manque de flegme et de bons sens, nous nous y engagions à l'aveuglette.

Impossible de traiter par le mépris une voix aussi raisonnable. Challenger secoua donc la tête et haussa les épaules.

— Et que pensez-vous faire, dans ce cas, Monsieur ?

— Il se cache peut-être derrière ces buissons – et Lord Roxton regardait de l'autre côté du pont – une tribu de cannibales qui compte sur nous pour son déjeuner. Mieux vaut faire preuve de patience que de faire connaissance avec la marmite. Espérons que nous n'avons rien à craindre, mais, pour notre sécurité, agissons comme si c'était le cas. Nous allons, Malone et moi, descendre chercher nos quatre carabines. Nous ramènerons en même temps Gomès et son compagnon, puis, l'un de nous, sous la protection des autres, pourra traverser le pont en éclaireur.

Assis sur le tronc du hêtre, Challenger piaffait d'impatience. Mais Summerlee et moi-même étions d'accord pour admettre l'autorité de Lord Roxton sur ces questions pratiques. Gravir l'aiguille pour la seconde fois ne nous coûta que très peu d'efforts, grâce à la corde qui nous en épargnait le plus difficile. Une heure après être redescendus, nous nous retrouvions de nouveau au sommet, armés de nos carabines et d'un fusil de chasse. Les Indiens étaient montés avec nous et Lord Roxton avait pris soin de leur confier un ballot de provisions, au cas où notre exploration s'étendrait dans la durée. Nous avions également chacun une bandoulière de cartouches.

Une fois tous les préparatifs terminés, Lord Roxton se tourna vers le professeur :

— Maintenant, Challenger, si vous insistez vraiment pour passer le premier...

— Grand merci de votre aimable autorisation ! riposta avec colère le professeur, qui ne supportait l'autorité sous aucune forme. Puisque vous avez l'amabilité de me le permettre, j'accepte de faire œuvre de pionnier !

Alors, s'asseyant à califourchon, les jambes pendant dans l'abîme, sa hachette à l'épaule, le professeur eut tôt fait de glisser jusqu'à l'autre bout du tronc, et, d'atteindre le plateau.

— Enfin ! s'écria-t-il, en agitant les bras, enfin !

Je le regardai avec inquiétude, craignant vaguement que quelque chose d'épouvantable n'apparaisse soudain derrière lui, déchirant le rideau de verdure. Mais tout demeura tranquille. Seul un étrange oiseau bigarré s'envola à ses pieds et s'évanouit dans les arbres.

Summerlee passa le second, véritable concentré d'énergie dans un corps si frêle. Il tint absolument à emporter deux fusils, afin de pouvoir en remettre un à son confrère. Je pris sa suite et dus me faire violence pour ne pas regarder, en bas, l'horrible trou béant qui s'ouvrait sous moi. Summerlee me tendit le canon de son fusil, et, la seconde suivante, j'attrapais sa main. Quant à Lord Roxton, il traversa debout, – oui, debout, et aucune sans aide ! Il faut que cet homme soit de fer.

Ça y était, nous avions tous les quatre abordé le pays des rêves, le monde perdu de Maple White ! Nous savourions notre instant de gloire ! Qui aurait pu deviner qu'elle précéda de si près celle du désastre ? Voici comment s'abattit sur nous le coup du destin qui allait nous écraser.

Nous venions de nous éloigner du bord du précipice et de pénétrer dans la broussaille quand, derrière nous, retentit un bruit effroyable de chute. D'un seul et même mouvement, nous fîmes demi-tour vers l'endroit d'où nous arrivions. Le pont avait disparu.

Je baissai les yeux et découvris au pied de la falaise un amas de branches emmêlées et un tronc fracassé – notre hêtre ! Était-ce le bord du plateau qui avait cédé sous le poids de l'arbre ? À peine cette idée m'avait-elle effleuré l'esprit qu'à l'extrémité opposée de l'aiguille un visage basané surgit lentement entre les rochers ; celui de Gomez le métis, non pas tel que nous l'avions connu jusqu'alors, figé dans un sourire d'humilité, mais, bien au contraire, les yeux étincelants de rage et les traits déformés par la haine !

— Lord Roxton ! cria Gomez, Lord John Roxton !

— Eh bien ? dit notre compagnon, je suis là !

Un éclat de rire aux accents de folie vengeresse franchit l'abîme.

— Oui, chiens d'Anglais, vous êtes là, et vous y resterez !

J'ai attendu si longtemps ce moment... Mon heure est enfin arrivée ! Vous avez eu de la peine à monter jusque-là, vous en aurez bien davantage à descendre ! Fous que vous êtes, vous voilà pris au piège ! Et tous ensemble !

Figés de stupeur, nous restions cloués sur place, fixant la branche cassée dans l'herbe qui nous laissait deviner de quel levier l'Indien s'était servi pour faire tomber notre pont. Il s'éclipsa un instant, puis reparut, plus frénétique que jamais.

— Nous avons bien failli réussir à vous écraser sous une pierre, là-bas, dans la caverne. Mais ce châtiment est pire encore. C'est une mort lente et terrible qui vous attend. Vos os blanchiront sur ce plateau sans que personne ne sache jamais où vous chercher, sans qu'on vous donne jamais de sépulture ! Pendant votre agonie, songez à Lopez, que vous avez tué de sang-froid, Lord Roxton, il y a cinq ans, sur les rives du Putamayo. Je suis son frère, et maintenant, advienne que pourra, je mourrai heureux, sa mémoire est vengée !

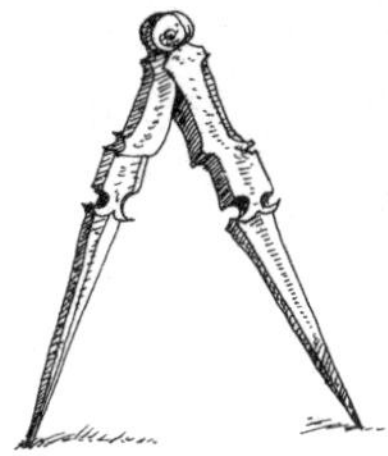

TABLE

Illustrations
Sergio Aquindo, Léon Benett, A. Burnham Shute, Edward Winsor Kemble, Pierre Lafitte, Janet Lange, Arthur David McCormick, Jean-Louis Prieur, Edouard Riou, Auguste Tilly, Daniel Vierge.

Direction de la publication
Julien Alvarez

Conception graphique
Patrice Renard

Édition et fabrication
Lorraine Chouty

Mise en pages
Nord Compo

Impression réalisée
par Corlet imprimeur
pour le compte des
Éditions du Trésor
en 2015

ISBN : 979-10-91534-20-8
Dépôt légal : novembre 2015
N° d'imprimeur : 176551
Imprimé en France